60歳から10万円で始める高配当株投資術

坂本彰

あさ出版

株式投資で資産を増やすことは
難しいことではありません。
「著者のノウハウで実際に資産が増えた」
方の声をまずはご覧ください。

愛知県　F様

【利益額】

1138万円

○教材を購入後、運用成績はどう変化しましたか？

儲かった

○具体的な利益額をお聞かせください。（含み益も含めて）

年度	年間利益
2012	1,083,500円
2013	4,689,834円
2014	2,535,285円
2015	2,020,180円
⋮	⋮

含み益　11,382,750円

東京都　T様

【利益額】

604万円

○教材を購入後、運用成績はどう変化しましたか？

儲かった

○具体的な利益額をお聞かせください。（含み益も含めて）

	取得価格		売却価格	
A社	860円	→	5590円	
B社	311円	→	1106円	
C社	1815円	→	5230円	
D社	584円	→	2127円	
E社	1170円	→	2274円	
F社	5618円	→	4660円	他

合計利益　6,043,490円

○ご意見、ご要望、改善点等ありましたらご自由にお書きください。

70年以上生きていますが、これまでは、なかなか先達に学ぶことができずにいました。坂本様を信じた結果、少しずつ利益が出るようになり、大きな結果が得られました。感謝感激です。

長野県　H様

【利益額】

300万円

○教材を購入後、運用成績はどう変化しましたか？

儲かった

○具体的な利益額をお聞かせください。（含み益も含めて）

4年間で300万円

東京都　I様

【利益額】

452万円

○教材を購入後、運用成績はどう変化しましたか？

儲かった

○具体的な利益額をお聞かせください。（含み益も含めて）

含み益

H社	151,733円
I社	1,888,577円
J社	519,600円
K社	367,050円
L社	558,950円

計　3,485,910円

2015年の売買益が4,528,674円

このような成功体験は、
決して夢物語ではありません。
まずは1歩、踏み出してみましょう。
その先に、
チャンスが待っているのです。

はじめに
60歳以降こそ、リスク商品とうまく付き合うべし

冒頭でご紹介した4名の方の声。

これは、私のノウハウを教える教材を実際に活用している中高年層以上のお客様方からいただいた、運用成績に関するアンケート結果です（本書では、この教材で紹介している投資法の基本を紹介しています）。

「○億円儲けて、億万長者になった」

という方こそいませんが、着実に数百万円から1000万円を超える利益を得ていらっしゃいます。

もちろん、この4名はほんの一例で、多くの方から着実に資産を増やし、余裕のある生活を手に入れたという声をいただいています。

60歳以上の方も少なくありません。

その多くが、定年退職を機に給料に変わる収入源として、株式投資を始めた方々です。

近年、60歳を超えてから株式投資を始める人が増え続けています。

『週刊ダイヤモンド（2016年10月22日号）』によると、退職金の使い道で最も多いのは「定期預金を含む運用」であるというアンケート結果が出ています。

運用先を詳しく見てみると、「定期預金」に続き、「株式投資」「投資信託（バランス型）」「投資信託（アクティブ型）」「投資信託（インデックス型）」となっています（投資信託の合計が株式投資と同じくらいの割合）。

また、定年退職と関係なく、50代までは子育て等で日々の生活にお金がかかってしまい、投資に回せるような余裕資金がなかったものの、子育てがひと段落してお金、そして時間に余裕ができたことで、年金を補完するために株式投資を始める人もいます。

１９９０年以前は金利が非常に高かったため、定期預金や国債など、あらかじめ金利が決められており、元本保証されている金融商品（無リスク資産という）の利息だけでそこそこ大きな収入が得られましたが、現在は、ほとんど利息はつきません。預金の目的は、金融機関が独自に行っているキャッシュバックキャンペーンのプレゼントであって、利息に期待していない人も多いことでしょう。

一方でリスク商品（預けた金額よりも少なくなる可能性のある金融商品）は、株価や基準価格が上昇すれば、値上がり益を得ることができます。また、配当金や株主優待など、無リスク資産よりお得度が高くなっているのが現状です。

60歳を超えたら、リスク商品と上手に付き合っていくことが欠かせないといってもいいでしょう。

●投資信託の分配金は減り続けている

リスク商品の筆頭としては、上場株式（日本株約3600銘柄）や投資信託（約6000本）が挙げられます。

その中で最も人気があるのが、毎月分配（決算）型投資信託です。

毎月分配（決算）型投資信託とは文字どおり、収益の決算を毎月行い、そのたびに分配金（株式投資における配当金と同じ意味）を出す投資信託のことで、「第２の年金」というキャッチコピーで消費者の心を掴み、史上空前の大人気商品となりました。

純資産残高が５兆円を超えたグローバル・ソブリン・オープン（先進国の国債などを投資対象とした投資信託）にいたっては、運用開始後、１万円につき毎月50～60円の分配金が出ていたため、「第２の年金」として十分すぎるくらいのパフォーマンスが出ていました。

・1000万円預ければ毎月６万円×12か月　＝　年間72万円
・3000万円預ければ毎月18万円×12か月　＝　年間216万円

ところがリーマンショックにより、主要先進国の金利が一気に低下。さらに、ギリシャ、チャイナショックなど数々の経済危機に遭遇し続けた結果、分配金は２００１年から月40円、２００９年１月からは月30円、同年８月からは月35円、２０１４年から20円、そして、２０１６年８月からは月10円にまで下がってしまいました。

月刊投資情報誌ではナンバーワンの発行部数を誇る『ダイヤモンドZAi』では、毎月分配型投資信託100本の分配金データが、過去1年分、月ごとに公表されています。2017年6月号によると、分配金が横ばいだった銘柄が100本中52本、減少した銘柄が100本中45本だったのに対し、増加に転じたのは、なんと3本だけ。

大半の毎月分配型投資信託は、分配金が減り続けており、投資先としてはオススメできません。

●株式投資こそ、「希望」を持てる唯一の金融商品

一方、株式投資はというと、近年は明るい話題がいくつもあります。

2012年以前は1万円以下だった日経平均株価ですが、アベノミクス以降上昇を続け、2015年には2万円を突破。2016年は一時的な株価の急落により、1万5000円を割り込むタイミングがありながらも、2017年6月、日経平均株価は再び2万円を超えました（17ページ参照）。

さらに、日経平均株価よりも長期上昇トレンドが続いているのが「配当金」です。

2009年以降、上場企業の配当金は増加を続けていることがわかります。2013年

には過去最高だった２００７年の配当金を上回り、そこから5年連続で最高額を更新しています。２０１７年度は12兆４０００億円に達する見込みです。

自社株買いを合わせた株主還元額は、日経平均株価以上に順調に増え続けているのです。

私は現在30社以上の株式を所有していますが、２０１６年に増配（配当金が昨年度より増えること）を発表した会社が全体の約半分となりました。

減配（増配の逆。配当金が昨年度より減ること）はわずか2社のみ。あとの約半分が前年と同じ配当金となっており、配当金を増やしている会社がとても多いのです。

この結果は、個人的なデータではありますが、先ほど紹介した投資信託の分配金実績とまったく逆の結果となっています。

今後、日本株の株主還元傾向は、さらに高まっていくはずです。株式投資こそ、「希望」を持てる唯一の金融商品と言ってもいいでしょう。

なかでも「高配当株」という株価に対する配当金の利回り（「配当利回り」という）が高い株の活用は必須でしょう（明確な基準はないが、配当利回りが３％以上あれば「高配当株」に分類される)。

私の株式資産のうち、半分程度が「高配当株」です。

100万円で利回り3%の高配当株に投資すれば、年間3万円の配当金を受け取ることができます。売却益も含めれば、リターンは別次元です。

さらに、配当金が増える可能性も少なくありません。

たとえば私の受取配当金実績は、2011年度は約22万円でしたが、6年後となる2017年には140万円を超えるまでに増加しています。

ほかにも、株主優待で食事券や商品券など、配当金以外に9万円ほどいただきました。

株価に対する配当金の利回りが高い高配当株は、今後、配当性向のさらなる上昇とともに、株価と配当金、両方値上がりしていく最も有望な投資先となるのです。

●先が読みにくい時代だからこそ、株式投資が必要になる

日本全体が高度成長していた時代であれば、会社が生み出した利益を全額、会社の成長に振り向けることで、さらに加速することが見込めます。しかし少子高齢化やGDPゼ

日経平均株価　５年チャート

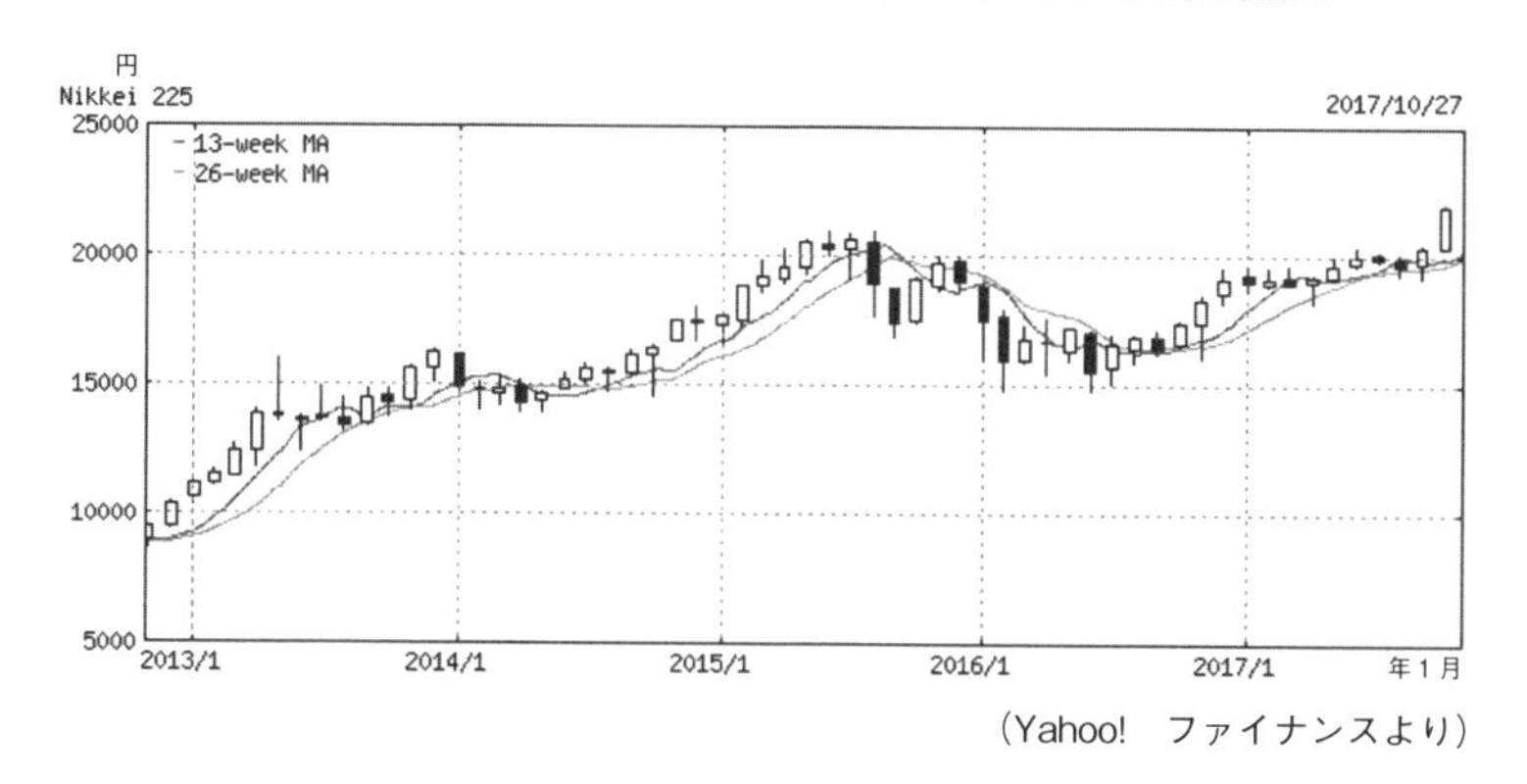

（Yahoo!　ファイナンスより）

企業の株主還元額は増加傾向

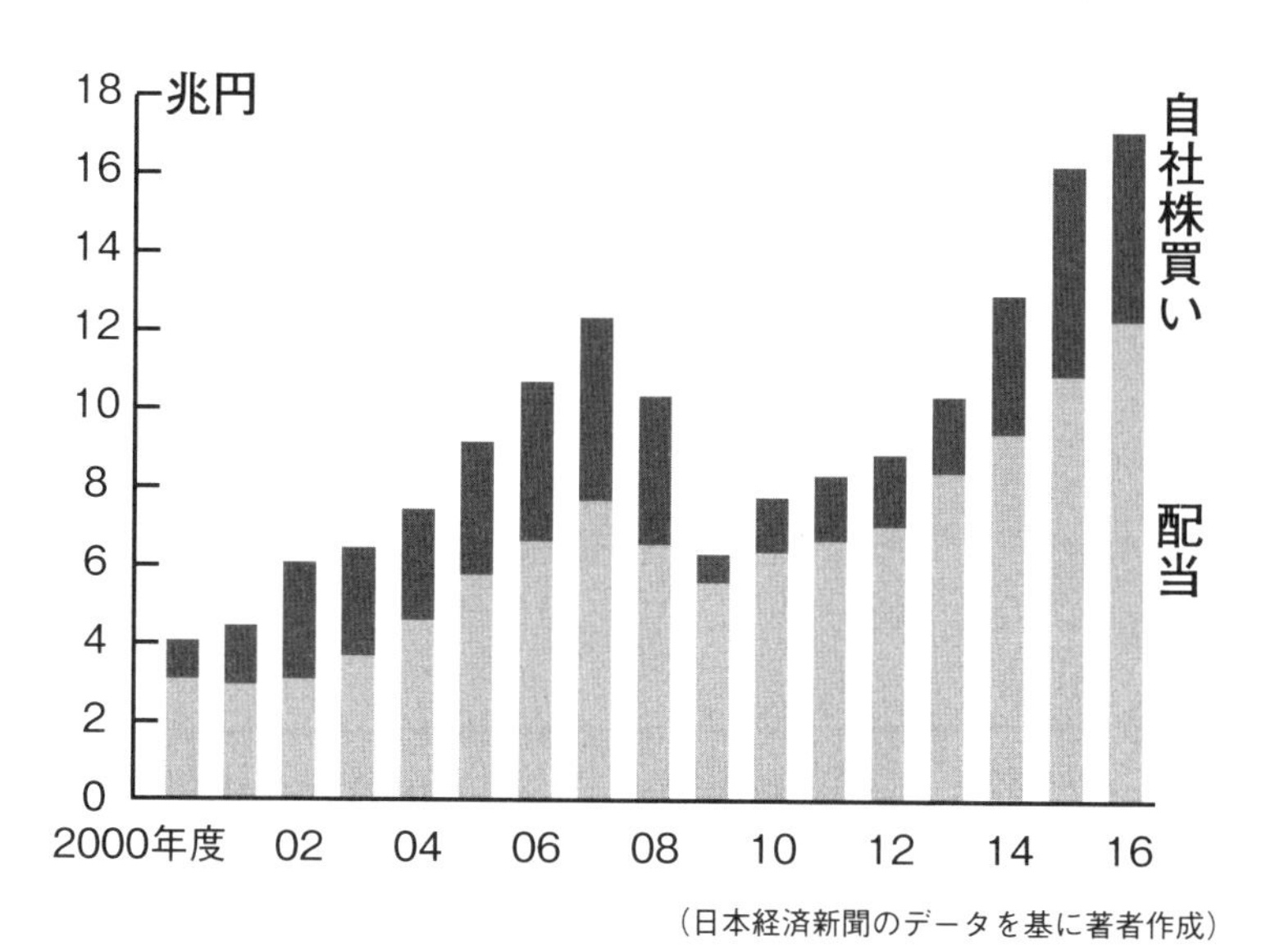

（日本経済新聞のデータを基に著者作成）

ロ%成長が続いている2010年以降は、利益を企業成長に回すより、株主還元に向けたほうがよいと判断しているのです。

事実、国税庁が発表している民間給与実態調査によると、2009年度の平均給料は406万円、2016年度は約422万円であり、ほとんど横ばいです。

給料が伸びない割に、株主還元額が増加している背景には、コストが最もかかる人件費を抑制し、節約した一部を配当金という形で株主に渡しているようにも見えます。

ほかにもいくつかの理由から、株主還元の増加傾向は今後も続くと考えられます。

配当金が増え続けていく潮流に乗り遅れてはいけません。

本書では、自身の経験、そしてアドバイスしてきた方々の声を基に、株式投資の新たな潮流となる「高配当株」というタイプの株に投資し、60歳からでも着実に資産を増やすノウハウをお伝えいたします。

また、買ってはいけない株、買ってはいけない投資信託の見つけ方などについても紹介していますので、ぜひ参考にしてください。

年金以外に年１００万円が得られる生活。

今得ているお金にプラスして１００万円の収入は、これからの生活を支え、余裕と安心感をもたらすはずです。

幸せな投資生活の扉を、いざ、開きましょう。

２０１７年11月

坂本 彰

第1章

60歳から着実に資産をつくるために知っておくべき5つの考え方

第2章 60歳からの投資生活に欠かせない8つのこと

第3章

60歳からの「高配当株」投資術
～有望銘柄の見極め方～

第4章 60歳以降の投資でやってはいけないこと
～買ってはいけない投資信託&株～

第5章 10年で資産を2倍にするためにすべきこと

～まずは10万円からスタートでいい～

■参考文献

『「老後貧乏」に泣かないためのお金の新常識』
横山光昭 著（PHP）

『株主優待ハンドブック　2016～2017年版』
日本経済新聞出版社 編（日本経済出版社）

『私の財産告白』
本多静六 著（実業之日本社）

第1章

60歳から着実に資産をつくるために知っておくべき5つの考え方

1 「リスク」の先に「安定」がある

☑ 投資で「損」をしない考え方を身につければいい

私のもとには、個人投資家からたくさんのご相談、問い合わせがきます。60歳以上の方からのご相談も少なくありません。

そのほとんどが、次の3つに大別できます。

- ●投資で損ばかりしている
- ●どの会社の株式を買ったらいいかわからない
- ●売買タイミングがわからない

なかには、退職金が入ったので株式投資に回して、老後の資金を増やしたい。だから確実に儲かる銘柄を教えてほしい、などといったご相談もあります。

60歳を迎えると、社会の第一線から退いたり、離れる準備を始めたりと生活にも変化があるでしょう。そのなかで、株式投資を始めるのは、とても賢明です。

あとで詳しくお話ししますが、株式投資はやり方さえ間違えなければ、大きな損をすることなく、資産を着実に増やすことができるからです。

そうは言っても株式投資で損をする可能性だって高い。そんな危ないことなどできない、と考える人もいるでしょう。

たしかに退職金を注ぎ込んだ結果、大損してしまい、どうしていいかわからない、などといったご相談もあります。実際、数千万円の損失を出した人も世の中にはいます。

株式はリスク商品ですから、絶対に損をしないということはないからです。

だからと言って、**リスクを避け続けていては、老後の安定や幸せを手にするチャンスも逃してしまいます。**定期的な収入がなくなり、年金だけでは資産は減るばかりです。

リスクがあるからリターンがあり、リスクの先に安定があります。

まずは、投資で「損」をしない考え方を身につけることが大切なのです。

☑「投資にはリスクがある」ことを常に頭に置く

リスク商品に投資をして、お金を減らしたり、失ったりする恐怖は誰にでもあります。もちろん私にもあります。

投資を始めて15年以上になりますが、「買った株が下がり続けたらどうしよう」と考えることが頻繁にあります。

「損するのが怖い」という気持ちは、少しずつ成功体験を積むことで克服できます。投資経験を積むことで対処の仕方が身につくため、徐々にリスクが軽減されていくものだからです。

ただし、「怖い」気持ちが完全になくなるのもまた問題です。**むしろリスクがあることを常に意識してこそ、損をしない投資ができるのです。**

☑「心の安定」を優先させる

株価は常に上昇し続けることはありません。下落することも当然ありますし、ときには急落する場合もあります。

リスク資産への投資割合が高すぎると不安がつきまといストレスもたまりやすくなります。心が不安定だと正しい判断ができなくなります。

株価の下落の情報に過敏に反応しているなと感じたときは、リスク商品への投資額を思い切って下げるなど、調整しましょう。心の安定を優先させてください。

☑「日々の株価変動」ではなく「企業価値」を見る

投資先を選ぶ際、つい目先の株価の変動状況を判断軸にしてしまいがちですが、これでは株価の動きが常に気になり、その動向に一喜一憂して心が疲れ果ててしまいます。

株式投資で莫大な資産を築いている投資家は多額のお金を投資しています。つまり、それだけ株価の変動の影響を受けるわけですが、あたふたすることはありません。

「日々の株価変動」ではなく「企業価値」に注目しているからです。投資先を事前に分析・研究したうえで選んでいるからこそ、結果的に資産が増えるのです。

株式投資の目的は、最終的に利益を得ること。

動向のチェックは必要ですが、日々の変動はあくまで一部なのです。

3回以上に分割して投資する

多額の損に悩んでいる方からの相談を分析してみると、買うタイミングの分散ができていません。

大事なお金を一度に投資してしまっているのです。

分散投資という言葉を聞いたことがあるかもしれませんが、その言葉には、**「投資先」「買いタイミング」の2つの意味があります。**

株式の種類を分けるのと同時に、買いタイミングも少なくとも3回に分散させましょう。これだと一度に全額投資した場合と比べて、投資額は3分の1で済みます。仮に最初の判断が間違いだったとしても、まだ半分以上投資するお金が余っているため、リスクも分散され、心も安定します。2、3回目の買いタイミングは株価が上がったときではなく、株価が下がったときなので、株価が下落した場合も不安に押し潰されることなく、買い増しのチャンスに見えるはずです。

損をする行動・思考さえしなければ、資産は着実に増えるのです。

投資で損をしない考え方

①投資には「リスク」がある。しかし、その先に「安定」がある

60歳以降の投資は、失敗した場合、働いて損失額を埋め合わせることが難しい。「投資にはリスクがある」ことを頭の片隅に置き、全財産をつぎ込むことのないようにする。

ただし、リスクを恐れすぎては、老後の安定や幸せもつかめない。少しずつ、リスクをとる経験を積んでいくことで、無理なく安定を手に入れることができる。

②「心の安定」を優先させる

心が不安定だと正しい判断ができなくなり、誤った投資をして損を出してしまいかねない。

株価の下落に過敏に反応していると感じたら、リスク商品への投資額を下げて心の安定を図ること。

③「日々の株価変動」ではなく「企業価値」を見る

株式投資で儲けている人は、投資先の「企業価値」を事前に分析、研究しているため、日々の株価変動に一喜一憂せず、結果的に利益を出す行動をしている。

④3回以上に分割して投資する

株式を買うタイミングを3回以上に分割する。

2回目、3回目の買いタイミングは、株価が下がったときなので、ピンチもチャンスになる。

2 自分で考える感覚を身につけることでチャンスに出会える

まさかの出来事がチャンスになることもある

私は投資顧問業（投資助言）を行っています。

始めたきっかけは、ブログとメルマガで、私の株の投資法、運用方針などの発信を始めたところ、「イチオシの銘柄情報を教えてほしい」「買い時かどうかの見極め方を教えてほしい」といった声を多くいただくようになったためでした。

忙しくて銘柄研究ができず、有望株情報や売買タイミングを手っ取り早く知りたい場合は、投資助言サービスを利用してもよいでしょう。

とはいえ、大事なお金を使うのですから、買う株、買うタイミングは自分で選ぶことに越したことはありません。それには、「株を見つける感覚」を身につけることです。

株価情報を鵜呑みにしているより、自身で積極的に企業の将来性を分析、研究することによって、マーケットが気づかないプラス材料を見つけることもできます。

株式相場や株価は、「まさか」な出来事がチャンスになることがあります。

それはときに、世界中の株価、投資家に「まさか」な影響を与えます。

２０１６年に起きたイギリスのＥＵ離脱、トランプ氏の米国大統領当選という２つの「まさか」が世の中に与えた影響の大きさは、皆さんのご記憶のとおりです。

「まさか」は早々起きるものではありませんが、思いがけないタイミングで起きます。

こうした「まさか」が起きたとき、人に頼ってばかりいては、せっかくのチャンスを逃してしまいかねません。

ポイントを押さえながら投資をすることができれば、運用成績は劇的に向上します。

投資する会社選びや売買タイミングの具体的ノウハウについては、第3章でお話ししています。

参考にして、少しずつできることからでいいので、感覚を磨いていきましょう。

3 人の経験を自分の糧にする

☑ ちょっとした間違えであっても「損」に直結する

人は経験から学ぶ生き物です。

何度も間違え、時にうまくいったり、反復しながら少しずつ上達していきます。

感覚を磨くのも同じです。

仕事に家事に育児、人付き合いなど、これまでも多くのことを学び、身につけてきたのではないでしょうか。

株投資も経験から様々なことを学ぶことができます。

ただし、それは人の経験です。

投資の場合、間違えるということは、あなたのお金が減る、つまり「損をする」ということです。

投資で着実に資産を増やすために重要なことは、資産を減らさないことです。

株はリスク商品です。元金がすべてとんでしまうことだってありえます。

そう何度も間違えるわけにはいきません。

だからこそ、人の経験を学ぶのです。

人が成功した方法を知り、試して自分に合う方法を見つける。そしてなにより、人がした失敗を避ける。

そうすることで、損を最小限に抑えつつ、経験を重ねることができます。

実際、私も先人の経験を学ぶようになってから失敗が少なくなり、いまでは11万円から始めた株式投資で資産は1億円超（株式9000万円超）、受取配当金だけで年間100万円超となっています。

失敗のパターンを理解し、リスクを避けながら投資をすることで、お金を今より効率よく、大きく増やすことが可能になるのです。

4 何もしないと資産は減っていくだけ

☑ 老後の「赤字」をどう補填するか

あなたは60歳以降、どんなライフスタイルを送りたいでしょうか。

総務省統計局が発表している「平成27年家計調査」では、高齢夫婦無職世帯の1か月の支出は約27万円となっています。

一方、収入はというと年金等で約21万円。つまり、単純計算で1か月あたり6万円の赤字になるわけです。1年間だと72万円、65歳から90歳までの25年間では、赤字の総額は1800万円にもなります。

またこの時期は、大きな病気による医療費や介護費用、家のリフォーム、車の買い替えなど突発的な支出も起こりえます。

こうしたことから、老後に必要なお金は3000万円といわれています。みなさまは、その準備ができているでしょうか。

金融広報中央委員会が発表している「家計の金融行動に関する世論調査(2人以上世帯)」2016年版のデータによると、50代の平均貯蓄額は1650万円(貯蓄ゼロ世帯を除いた場合)です。

これに加えて退職金が入ってきます。厚生労働省が平成25年1月1日現在の状況を調査した「平成25年就労条件総合調査結果の概況」によると、平成24年1年間における勤続35年以上の定年退職者の退職金は、大学卒で2156万円です。

貯蓄額と退職金を合計すると、3000万円を超えるくらいにはなりますが、退職金は企業規模や業種、最終学歴、勤続年数などにより大きく異なるため注意が必要です。

中小企業のモデル退職金額が1138万円であるのに対して、大企業のモデル退職金額は約2374万円と、1200万円以上の開きがあります(参考:東京都産業労働局「中小企業の賃金・退職金事情 平成28年版」、日本経済団体連合会「2016年9月度退職金・

年金に関する実態調査結果」)。

このような格差があるとはいえ、退職金というまとまったお金をすべて生活費に回して老後の支出と収入の差を補填しても、「蓄えているお金が常に減り続けていく」ということには変わりありません。

投資信託ではなく株式投資が賢明

不安から解消されるために、毎月分配金が入る投資信託を購入する人がいますが、私はオススメしません。

毎月分配型投資信託の厳しい現実についてはすでに述べたとおりですし、投資信託の数は約6000本あり、これは上場企業数(約3600)の1・6倍にあたります。長期的にプラスとなる投資信託を選ぶには、株式投資以上に目利き力を磨いたり、情報収集をする必要があります。難易度は株式投資と同等か、それ以上といえます。

株式に投資するほうが賢明といえるでしょう。

実は、**株式投資は、数あるリスク商品の中でも「最強」といえる運用先なのです。**

5 株式投資が「最強の運用先」である7つの理由

☑ 大金持ちがこぞって「株式投資」をするのはなぜか？

「資本、資産」と呼ばれるものには、現金・土地・株式・車・貴金属など、さまざまなものがあります。

「資本家（資産家）」と呼ばれる大金持ちは、これらの資本、資産を効率的に活用して富を膨らませていきます。

その中でも最強といえるものが株式です。

理由は大きく7つあります。

それぞれ紹介していきましょう。

最強の理由① 税金が安い

資本と呼ばれるものは、必ずといっていいほど課税されます。

個人の所得には所得税がかかります。所得税は累進課税で最高で税率45％＋住民税10％（執筆当時）、つまり所得が上がれば上がるほど税率も高くなります。

一方、株式の売却にかかる税金は、金額に関係なく20・315％のみ（執筆当時）です。収入（利益）が10万円でも1億円でも税率は一律のため、お金持ちほど「給料収入」よりも「投資からの収入」に力を入れるのです。

最強の理由② 「キャピタルゲイン」と「インカムゲイン」

株式投資の強みは、自分のお金を株式という形に変換させることで、投資先の会社が生み出す利益を「キャピタルゲイン（株式の値上がり益）」や「インカムゲイン（配当金や株主優待など）」として受け取れることです。

労働にはインカムゲインは存在しませんので、かなりお得です。

最強の理由③　限界がない

株式投資だけで億万長者になった、というとウソのように聞こえるかもしれませんが、とある調査によると、株式投資で資産1億円になった人のうち、24％が年収1000万円から500万円の人という結果が出ていますし、年収300万円以下の初心者の方が10年で資産1億円になり、いまでは2億円超の資産を手にしているなんて例もあります。

この金額を60歳以降で、投資以外の方法で手に入れようとしても、宝くじが当たるなど、よほどのことがない限り難しいでしょう。

株式投資で得られる額に限界がないからこそ、夢みたいなことも起こるのです。

最強の理由④　小資本でスタートできる

会社を立ち上げたり、不動産投資をスタートさせたりするにはある程度の金額、ときには数千万円の資本が必要となります。また、失敗もそうそう許されません。

一方、株式投資は10万円以下という小資本で気軽に始められますし、やめるのも自分次第でできます。

自分が投資に向いているのか確かめるために「お試し」で始めることも可能です。

さらに自分に合う投資法や投資先を実践しながら学ぶことができますし、間違っていた場合、いつでも変更したり戻したりすることができます。

最強の理由⑤　大金持ちのほとんどはビジネスオーナー

億万長者ランキング上位の人は、ほとんどがビジネスオーナーです。

ビジネスオーナーは、自社の大株主でもあります。自身が大株主だと、長い目で見た会社の繁栄を考えた経営ができるため、株価が大きく下落するような策をとることはしないので、株を保有するだけで資産が増えていきます。

最強の理由⑥　株式を保有することで、間接的に人も会社も土地も所有できる

これが最も重要です。

トマ・ピケティの著書『21世紀の資本』（みすず書房）では、「資本家」と「それ以外の人（労働者）」の格差がなぜ広がるのかについて、明確かつわかりやすい公式が紹介されています（45ページ参照）。

トマ・ピケティの公式

r>g

r とはリターンのことで、株式や不動産など資産運用から得られる利益率。
g とはグロース（経済成長率）のこと。労働から得られる所得の伸び率。

成長株に投資することで、年率10〜20％ほど株価が上昇することは当たり前のようにあります。１年で株価が2倍になることもめずらしくありません。

株価のリターンではなく、配当だけで見ても年３％の高配当株がゴロゴロあります。探せば年５％という高い配当の銘柄だって見つかります。

一方、日本の平均所得は変化がなく、今後も大幅に上昇することはないでしょう。GDPも横ばいですし、物価上昇率もあれだけ金融緩和を行っても2％すら達成できない状態です。

たとえば個人向け国債の金利は本書執筆現在、０・０５％です。

ｒ＝５％　ｇ＝０・０５％だとすると、ｒは10年後に１・６３倍、20年後は2・６５倍、30年後には４・３２倍まで膨らみますが、ｇの場合、30年経っても１・０１５倍にしかなりません（47ページ参照）。

長期で運用すればするほど、ｒとｇの格差は広がる一方なのです。

『21世紀の資本』では、過去２００年近い歴史を調べ上げ、ｒが常にｇを上回り続けてきたことを証明しています。これは、**株式のリターンは国債や定期預金の金利を常に上回っ**

長期で運用すればするほどrとgの格差は開く

配当利回り：5%　※配当利回り＝1株配当金÷株価
個人向け国債金利：0.05%
よって、r＝5%、g＝0.05%と仮定すると……

	r	g
10年後	**1.63倍** **（1.05の10乗）**	**1.005倍** **（1×1.0005の10乗）**
20年後	**2.65倍** **（1.05の20乗）**	**1.010倍** **（1×1.0005の20乗）**
30年後	**4.32倍** **（1.05の30乗）**	**1.015倍** **（1×1.0005の30乗）**
元本が1000万円の場合のリターン	**4320万円**	**1015万円**

元本保証の場合、リスクはゼロになるが、長期的な運用結果を比較すると、圧倒的な差がついてしまう。豊かな老後を考えると株式投資は必須。

てきたとも言い換えられるのです。

参考までに、ｒ＝10％で計算すると、30年後には元本が17・45倍になります。

最強の理由⑦　働かなくても資産が増える

フォーブスの世界長者番付で、１９９４年から２００７年まで13年連続１位（1位ではなかった年も2位か3位）となっているビル・ゲイツは、マイクロソフトを世界有数の大企業にすることで、億万長者となりました。

彼は、２０００年１月にＣＥＯ職をスティーブ・バルマーに譲り、２００８年７月に第一線から退きました。現在はビル・アンド・メリンダ・ゲイツ財団での活動が中心です。

ところが、マイクロソフトの経営から手を引いた後のビル・ゲイツの資産を見てみると、２００９年は約４００億ドル、２０１７年は約８６０億ドルと、２倍以上に増えています。

仕事を辞めたにもかかわらず、資産が増え続けている。

どうして、こんなことが可能なのでしょうか。

それは、彼が世界トップクラスの投資家でもあるからです。

彼自身が働かなくても、マイクロソフトの株に加え、株を保持している数多くの優良企業の株価上昇によって、資産が「自動的に」増加しているのです。

ビル・ゲイツほどではなくても、働かずして株式投資を行い、資産を運用している60歳以上の方はたくさんいます。

いかがでしょう。

着実に資産を増やしたい人ほど、「株式投資」をしている理由がおわかりいただけたでしょうか。

株式投資はたしかにリスクがあります。

ですが、リスク資産を保有しないことによるデメリットもまた、多くあります。

たとえば、「貯金が常に減り続ける」「老後生活が苦しくなる一方で、死ぬまで下り坂の人生を送らなくてはならない」「老後の赤字額をカバーすることは不可能に近い」など、あげればキリがありません。

しかしながら、リスクを補ってあまりあるほど明るい未来が、投資をスタートさせることで待っているのもまた事実なのです。

第1章　まとめ

- リスクがあるからリターンがあり、だからこそ「安定」を手に入れられる。

- 投資感覚、知識、情報を身につけることによって、自分でお得な株を見つけたり、チャンスを手に入れることができる。

- どんなに投資先となる企業の研究を重ねても、投資に「絶対」はない。損する可能性があることを理解して、最低3回に分けて購入する（私の場合、7回に分けて購入したこともある）。

- 株式は、あなたの代わりにお金を生み出してくれる。60 歳以降で経済的な自立を目指すには、株式投資は欠かせないツールである。

第2章

60歳からの投資生活に欠かせない8つのこと

1 「60歳以降」は株式投資に適している

じっくりと腰を据えて研究する時間ができる

日本人は他国から見ると、リスク商品への投資意欲が低く、そのために資産が増えないということが指摘されています。

家計金融資産に占めるリスク商品（株式投資・投資信託等）の保有割合は、１９９０年に13・２％だったものが、２０１５年には14・５％。ほとんど増えていません。

リスク商品の保有が増えていないため、運用による増加分も過去20年間で19％しかありません。一方、投資大国の米国は投資する人の割合が高いため、同期間で約１３２％、２・３倍に増加しています。それだけ日本人はチャンスを逃してきたともいえるでしょう。

また日本では、金融資産が多い人ほどリスク商品への投資比率が高い傾向があります。『日経ヴェリタス（２０１６年8月21~27日号）』によると、富裕層（居住用不動産、消費財および耐久消費財を除き、金融資産が1億~5億円を所有する世帯）の日本株保有比率は80%にも達し、一般層の27%を大きく上回っています。

つまり、**１億円の金融資産を持つ人は、10人中８人が株式投資をしており、金融資産が１億円以下の人は10人中２人しか株式投資をしていないのです。**

もしかしたら富裕層は時間に余裕のある人が多いため株式投資に手を回すことができ、一般層は、仕事や子育てなどで忙しく、投資にまで意識が向かないという一面もあるのかもしれません。

しかし一般層も60歳を超えると、余暇の時間が一気に増えます。1日8時間超かけていた仕事や通勤が減った分、そのまま自分自身の時間になるからです。

株式投資の研究に没頭する時間ができるというわけです。

じっくり腰をすえて研究する時間が取れる今だからこそ、冷静に失敗しない投資ができる。まさに、60歳以降は株式投資に適しているタイミングと言えるのです。

2 株式投資成功に必要な3つのステップ

☑しくみとルールを知らなきゃ儲からない

株式投資を成功させるには、次の3つのステップを踏む必要があります。

ステップ1　「投資用語」や「基本的なルール」を覚える
ステップ2　「運用法」を学ぶ
ステップ3　「投資先」を選ぶ

ところが大半の個人投資家は、**ステップ1、2**を飛び越えて、いきなり**ステップ3**の「投資先」を選ぶことからスタートし、失敗しています。

「どこに投資するか」がいちばん気になるのはわかりますが、その前にまず「株価が動く理由」、つまり仕組みやルールを知らなければ儲かる儲からないもありません。
さもないと、「お金を失う」というストレスと常に向き合うことにだってなりかねないのです。

書籍を読み込んで足元を固める

ステップ1として「投資用語」や株式投資の「基本的なルール」を学ぶには、『ダイヤモンドZAi』（ダイヤモンド社）、『日経マネー』（日経BP社）といったマネー雑誌や、インターネット上で公開されている投資情報など、身近にあるものから収集していきましょう。この段階で、難しい理論まで学ぶ必要はありません。

ステップ2として「運用法」を学ぶには、投資で成功した人のノウハウが体系的にまとまっている書籍を読むのがオススメです。

57ページで、私の推薦図書を紹介していますので参考にしてください。

数々の投資家が、膨大な経験をもとに労力を注いでつくりあげたオリジナルの投資ノウハウには、無限の価値があります。多くの書籍の中から、あなたに合った方法を見つけ出しましょう。

ただし、株式投資に関する本といってもたくさんあるので、まずは図書館を活用するといいでしょう。

図書館には投資本のほか、投資の情報源である新聞や雑誌がそろっていますし、無料で貸し出してくれるため、ありがたい存在です。

私も経済、ビジネス、投資関係の書籍をよく借ります。借りたい本が最寄りの図書館になくても、近隣の図書館から取り寄せてくれ、大変便利です。その中から読み込みたいもの、この先、読み返したいものを購入しています。

投資家への第一歩は、図書館と「友だち」になることです。

通えば通うほど株式投資に必要な知識が身につき、成功に近づくのです。

著者の推薦図書

タイトル	著訳者／出版社	内容
投資で一番大切な20の教え	ハワード・マークス（著） 貫井佳子（訳） 日本経済新聞出版社	賢い投資家になるための考え方やリスクについて解説。世界一の投資家バフェットも推薦している書。
テンプルトン卿の流儀	ローレン・C・テンプルトン&スコット・フィリップス（著） 鈴木敏明（訳） パンローリング	「20世紀最高のストックピッカー（銘柄選択者）」と称えられた伝説的なファンドマネジャーの投資原則を紹介している。
株式投資の未来	ジェレミー・シーゲル（著） 瑞穂のりこ（訳） 日経ＢＰ社	投資家に利益をもたらすのは成長株ではなく高配当株であることを伝えた1冊。
ピーター・リンチの株で勝つ	ピーター・リンチ&ジョン・ロスチャイルド他（著） ダイヤモンド社	アマチュアでも投資のプロに負けない有望株の発掘法を紹介した、個人投資家のバイブル。
ウォーレン・バフェット巨富を生み出す７つの法則	桑原晃弥（著） 朝日新聞出版	経営する投資会社の株価を45年で82万%も上昇させた天才投資家の名言をまとめた1冊。味わい深い言葉が役立つ。
新版バブルの物語	ジョン・ケネス・ガルブレイス（著） 鈴木哲太郎（訳） ダイヤモンド社	なぜ、金融バブルは繰り返されるのかなど、バブル形成と崩壊の事例を学ぶことで、投機を避けることができる。
改訂版 金持ち父さんの投資ガイド 入門編	ロバート・キヨサキ（著） 白根美保子（訳） 筑摩書房	投資家とは何かをはじめ、投資家の思考や心構えについて教えてくれる。経済用語がほとんど出てこないため、未経験者にもオススメ。

3 投資に役立つ「日経新聞」の読み方

☑ 投資家には必須の「日経新聞」

私は毎日、投資関係の雑誌や本とともに、日本経済新聞（以下、日経新聞）を必ずチェックしています。

日経新聞は経済に関連した内容がメインの新聞です（他の新聞ではだいたい1面に掲載される社会面が、日経新聞では後ろのほうに掲載されています）。

マーケット情報や企業業績欄が充実しているため、投資家には必須の新聞ともいえます。

事実、日経新聞の読者層は、ビジネスパーソンを中心とした30～50代が6割を占めていますが、その次にくるのは60代（22・7％）であり、29歳以下は15・2％にすぎません（「日本経済新聞」媒体資料２０１５より）。

日経新聞は他の新聞と比べて読みにくいと思っている人もいるでしょう。

たしかに経済用語が多いため、ハードルが高い日経新聞ですが、『イラストでわかる経済用語事典』（宝島社）などのようなやさしい経済用語辞典を使いながら読めば、案外情報はつかめるものです。

「2つのニュース」に注目する

日経新聞では、次の２つの要素に関連するニュースを中心に読むことで、投資に役立つ情報やヒントが得られます。

１　売上高

２　利益

まず注目するのは、「売上高が上がる」ことに関連するニュースです。

新商品の発表、既存商品・サービスの値上げ、生産性の向上などはダイレクトに売上の増加に貢献するため、株価にとってプラスのニュースになります。企業名も同時にチェックしましょう。

次に注目すべきは「利益が増える」ことに関連するニュースです。

具体的に「利益額がいくら上がる」という記事はもちろん、コスト削減やリストラも、利益の増加につながる大事なニュースです。

とくにリストラは、雇用者にとっては悪いニュースではありますが、株主から見たら、人件費の削減につながるため、利益の上昇要因となります。

また、トヨタに代表される、会社のカイゼン策。仕事の効率がよくなれば、利益にももちろんプラスです。ムダな支出を抑えることで、家計に残るお金が増えるのと同じく、会社のムダな習慣を改善すれば、利益につながるのです。

日経新聞には、このような記事が豊富にあります。**記事の内容の実現可能性を調べたり、1社ずつ吟味していくことで、有望株情報をつかむことができます**。スマートフォンを持っている人は、キーワード検索機能を活用することで、業績などをスピーディーに調べることができるでしょう。

投資に役立つ「日経新聞」の読み方

京セラ「売上高2兆円へ」

社長、20年度に　AIで生産性2倍

京セラの谷本秀夫社長は30日、日本経済新聞の取材に応じ、「2020年度までに連結売上高を2兆円に、営業利益を2000億円以上にしたい」と話した。年2000億～3000億円を投じて工場や設計といった各部門でAI（人工知能）の活用などを進め、生産性を2倍にする計画も明らかにした。

17年度の売上高予想は1兆5千億円。20年度までの上積み分5千億円のうち、2500億円を車載や電子部品の新事業強化、2500億円をM&A（合併・買収）で実現する方針。4月に就任した谷本社長は「減収減益が続いていたが、もう一度成長軌道に戻したい」と話した。生産性向上では電子部品の新製品設計の不良品解析にAIを活用。工場もロボットの導入で自動化を加速する。

（日本経済新聞　2017年5月31日付14ページ・企業面）

大きな記事ではないが、見出しに「京セラ（6971）『売上高２兆円へ』」と書かれている。内容は、2020年までに売上高２兆円、営業利益2000億円を目指すというもの。
2017 年度の業績を確認すると、売上高が１兆4000億円、営業利益が1000億円。つまり「これから３年で営業利益を２倍にする目標だ」ということがわかる。

4 投資に特化した情報館「証券図書館」を活用する

専門図書館ならではの情報量

全国にたった2か所、東京と大阪にしかない、不思議な図書館があります。投資関係の専門図書館「証券図書館」です。

証券図書館とは文字どおり、証券の調査・研究のための専門図書館として財団法人日本証券経済研究所（当時）に附設されました。

東京は１９６６年、大阪は１９７１年に開設され、証券を中心に経済、金融、企業等の専門書や内外雑誌を所蔵しています。

ふつうの図書館の場合、投資や経済に関する書籍や雑誌の種類が限られていますが、証券図書館では、日経新聞以外にも、投資に特化した次のような新聞や専門誌を読むことができます。

- **日経ヴェリタス：日本経済新聞社が発行する週刊投資金融情報紙**
- **日経産業新聞：こちらも日本経済新聞社が発行している産業・企業情報に特化したビジネス総合紙。月～金曜日、朝刊のみ**
- **日本証券新聞：１９４４年創刊。日本で最も歴史のある証券金融の総合専門紙**
- **株式新聞：投資信託の格付け評価を中心に行うモーニングスター株式会社が発行する証券専門紙**

このほか、経済、投資系の雑誌も『週刊エコノミスト』（毎日新聞出版）、『週刊ダイヤモンド』『ダイヤモンドZAi』（以上、ダイヤモンド社）、『週刊東洋経済』（東洋経済新報社）、『PRESIDENT』（プレジデント社）、『日経マネー』『日経ビジネスアソシエ』（以上、日経ＢＰ社）と、ひととおりそろっています。

理解して自分の知識とするためにも、図書館で特集をじっくりと読み込むといいでしょう。証券図書館には、バックナンバーもそろっています。

さすがは投資関係の専門図書館だけあって、投資ノウハウに関する本も、山のように積み上げられており、読み切れないほどです。

今では手に入らない絶版本も残っています。

以前すでに絶版となっているため幻の名著といわれる『株でゼロから30億円稼いだ私の投資法』（遠藤四郎著／エール出版社）を見つけたときはビックリしました。まるで、蔵に置かれている秘蔵の巻物を見るように、丁寧に1枚ずつページをめくって読んだのを覚えています。

あなたも、投資の勉強や研究をしたい場合は、証券図書館に足を運んでみてください。

5 「個人投資家向け会社説明会」で将来性を見極める

☑「直接会わなければ得られない情報」を手に入れる

投資情報を得られる場はたくさんありますが、なかでもぜひ足を運んでほしいのが、個人投資家向け会社説明会です。

これは、主に証券会社が主催者となり、上場企業が自社のＰＲを行う場です。会社概要、自社製品やサービスの説明、成長戦略、株主還元策などについて、１社あたり１時間弱のプレゼンを行います。

会社説明会に参加することで、「その会社が、どんな商品やサービスを売って収益を得ているのか」といった事業内容やビジネスモデルが理解できますし、配付される資料を読むだけでも、投資先判断の参考になります。

会社説明会に参加すると、経営者のビジョンや成長に対する自信がどれくらいあるのかなどを感じ取れます。また、中長期的な成長戦略など、経営者に直接会わなければわからない情報も、意外と多いものです。

説明会の参加は無料ですし、商品券や自社製品など、お土産がもらえることもあります。平日昼間に開催されることが大半ですから、**参加できるのはある意味、退職後の特権ともいえます**。

67ページに、個人投資家向け会社説明会の情報を載せている主なサイトをまとめました。ぜひ活用にしてください。

「個人投資家向け会社説明会」情報発信サイト

主催者	サイトURL
大和IR モニター クラブ	https://www.daiwair.co.jp/
net ir （ネット アイアール）	http://www.net-ir.ne.jp/index.html
日興アイ・ アール	http://www.nikkoir.co.jp/
日本証券 アナリスト 協会	https://www.saa.or.jp/learning/ir/seminar/

※2017年11月現在の情報

6

IRイベントは有望株の宝庫

情報量もお土産も盛りだくさん

ＩＲイベントとは、会社説明会よりも大規模な個人投資家向けのイベントです。出展企業が来場者に向けて、会社の業務内容（自社商品やサービス）・業績・株主優待・配当金などの情報を積極的に発信するほか、人気の講師による講演会などが開催されます。なかには50社以上も出展する大型イベントもあります。

自社のパンフレットやお土産を積極的に配るため、すべて受け取ると相当な量になるので注意しましょう（余談ですが、お土産もポケットティッシュ、ノート、メモ帳、ボールペン、マスク、時計、スマホクリーナーなど、いろいろあります）。

一部のセミナーや講演会では予約して参加する必要がありますが、基本的に誰でも入場できます。

☑ IRイベントのメリットと注意点

IRイベントでは、気になる会社を一度にチェックでき、視野が開けます。幅広い業種を比較検討できるため、投資対象が一気に広がります。

今まで知らなかったユニークな事業をしていたり、知名度は低くても着実に成長し続けていたりする企業を発掘できる貴重な機会です。ぜひ参加してみましょう。

私の場合、気になる会社の担当者に、ライバル会社の存在についても質問します。すると、次の有望株を発見する、意外な回答が返ってきたりします。

ただし、業績に関しては自分で再チェックしたほうがよいでしょう。

IRイベントはあくまでも、自社の事業や商品・サービスの紹介など、会社側のPRがメインなので、よくない情報は出してこない可能性があります。

投資の結果は自己責任です。

仕入れた情報をもとに、投資に値する会社かどうか、冷静に検討してからでも遅くはありません。

ＩＲイベントは週末2日間、もしくは3日間で開催されることがほとんどです。近年は女性や若い方の参加も目立つようになりました。

投資家への第一歩として、興味本位で参加してみるのも楽しいでしょう。

71ページで、主なＩＲイベントを紹介しています。活用してみてください。

主なIRイベント

イベント名	開催場所	主催
日経ＩＲ・投資フェア	東京	日本経済新聞社
東証ＩＲフェスタ	東京	東京証券取引所
名証ＩＲ ＥＸＰＯ	名古屋	名古屋証券取引所
ＩＲフォーラム	東京、大阪	（株）マジカルポケット
投資戦略フェア	東京、大阪	パンローリング（株）
Ｊリートフェア	東京	不動産証券化協会（ARES）、東京証券取引所
Ｊ－ＲＥＩＴファン	東京	東京証券取引所、（株）日経ラジオ社　他
ダイワＪ－ＲＥＩＴフェスタ	東京	大和インベスター・リレーションズ
福証ＩＲフェア	福岡	福岡証券取引所

※2017年11月現在の情報

その他、日本取引所グループサイト内「IR イベント」ページでも様々なイベント情報が紹介されています（http://www.jpx.co.jp/corporate/investor-relations/ir-event/index.html）。

定期的にチェックするといいでしょう。

7

効率よく高レベルの投資家を目指す

☑「できることからする」がいちばん賢い

ここまで情報収集の方法をいくつかご紹介してきましたが、どこから始めたらいいのか、迷ってしまうかもしれません。

私が考える、最低限これだけはやったほうがいいこと、時間があるときにやったほうがいいこと、高レベルの投資家を目指すときにやったほうがいいことを順にお話ししますので、参考になさってください。

最低限これだけはやったほうがいいこと 「日経新聞」のチェック

日経新聞は経済、株式の動きを感じることができるいちばん身近な媒体でありながら、情報収集に最適なツールです。

企業欄、投資情報欄に目を通すことで、思わぬお宝株をつかむこともできます。経済に関する専門用語が多く、読みにくいと思うかもしれませんが、裏を返せば経済、投資用語を勉強するチャンスでもあります。

また、IRイベントの告知なども日経新聞でされることが多いため、「気がついたら終わっていた……」ということもありません。

日々最新の情報を手に入れることができるので、投資家としてこれだけはチェックしましょう。

時間があるときにやったほうがいいこと　「図書館」に行く

投資を始めてまもない頃、結果を出せなかった時代、株の本をとにかく読みあさり、投資の知識やノウハウを学びました。それが今はとても役立っています。

ただ、その時は気づかなかったのですが、投資の仕方には、いくつか種類があるため、自分が知りたいテーマの本を選んで読むことで、より効率的に知識やノウハウを身につけることができます。

投資の仕方を決めていない人は、自分は長期投資家向きなのか、トレード向きなのか、はたまた値上がり益追求型が向いているのかなど、本を読みながら見極めるのも一つの手です。

現時点では本書を読んでくださっているわけですから、配当金による株式投資を考えているはずです。高配当株に関連した本を図書館で探し、読んでみてください。

ノウハウを完璧に吸収する必要はありません。

良書を1冊でも多くストックすることで、投資ノウハウの引き出しが増えていきます。書籍から得られたアイデアを実際の投資に活かすことで、やみくもな投資をするよりも高い確率で成果が出ます。

独学でも十分通用するのが、株の魅力でもあります。

また、余計なお世話かもしれませんが、一つでも外出する予定を入れることで足腰も強くなる。健康寿命も長くなるため、いいことだらけです。

高レベルを目指すときにやったほうがいいこと「業績の変化を探す」

株価が横ばいから上昇へ転じ、そこから数倍になる大化け株。ぜひともつかみたいですが、大化け株になる共通項の一つに、業績のポジティブサプライズ（いいニュースのこと）があります。

その兆候をつかむのは簡単ではありませんが、日経新聞を定期的に読み、ＩＲイベント等に参加することで、企業の変化を感じることができます。

たとえば、Ａという会社の業績が好調だという記事を読んだとしましょう。

ＩＲイベントに参加したところ、「受注が絶好調で生産が追いつかない」という社長のコメントがあったとしたら、今期は利益が伸びそうだと予想してＡ社の株を買いますよね。

１か月後、あなたが予想したとおりの業績が発表されたら、Ａ社の株価は大きく上昇するでしょう。

株式投資は、予想の的中率が上がれば、勝率も上がるのです。

そのためには、人よりも早くポジティブサプライズを見つける必要がありますが、業績の変化を意識することで、高レベルの投資家を目指せます。

8 「年の功」は大きなアドバンテージ

日々のニュースより「過去の歴史」がものをいう

60歳以上の人にとっては、「この世で60年生きている」ということがそのまま、株式投資における大きなアドバンテージとなります。

株式投資は、「過去の歴史」を知っている人が強いのです。

株価は、常に快調に上がり続けるものではありません。急落することや、長期間にわたって低迷することもしばしばあります。

１９８９年、日経平均株価は3万８９１５円という史上最高値を記録しました。

しかし翌１９９０年、土地バブルが崩壊。そこから長期不況が始まります。

２００７年のサブプライムローン問題から続発的に発生した世界的金融危機。２００８年にはリーマンショックが起こり、世界中の金融資産が大暴落しました。

金融機関の損失拡大や公的資金による救済策が毎週のように飛び交い、まるで映画のような出来事が、現実に起こりました。

景気が変わるタイミングを記憶していることは、大きな強みと言っていいでしょう。

投資を長期で行う場合、日々のニュースよりも、過去の歴史を知っているほうが、景気の流れを把握しやすいのです。


今の株価が「強気相場」なのか、それとも「バブル」なのか。日々の株価を見ているだけでは判断しにくいものです。

連日のように株価上昇が続く場合、過去のことを何も知らないと、「今日買えば、明日はもっと価格が上がる」という思考に陥りがちになります。

この思考が危険なことは、土地バブル崩壊や、サブプライムローン問題に端を発する経済危機を目の当たりにしてきた世代ならば、十分に理解しているはずです。

過去の景気サイクルや株価の流れを把握していることで、大きなリスクをとる投資が減り、運用成績も安定させることができるのです。

バブル崩壊と景気のサイクル

それは、**株価上昇は長期的に緩やかに、株価下落は短期的に急激に起こる、ということです。**

「過去の歴史」という観点から、もう一つ知っていただきたいことがあります。

景気のサイクルと株価が連動していることは、ご存じかと思います。

景気は「拡大」と「後退」という周期を繰り返し、好景気の頂点を「山」、不景気のいちばん深い時を「谷」とした、波形の図で表します。

社会科や経済学の教科書では、79ページのように、好景気と不景気のサイクルが、同じ期間であるかのようなイメージで絵が描かれます。

教科書で学ぶ「景気サイクル」のイメージ

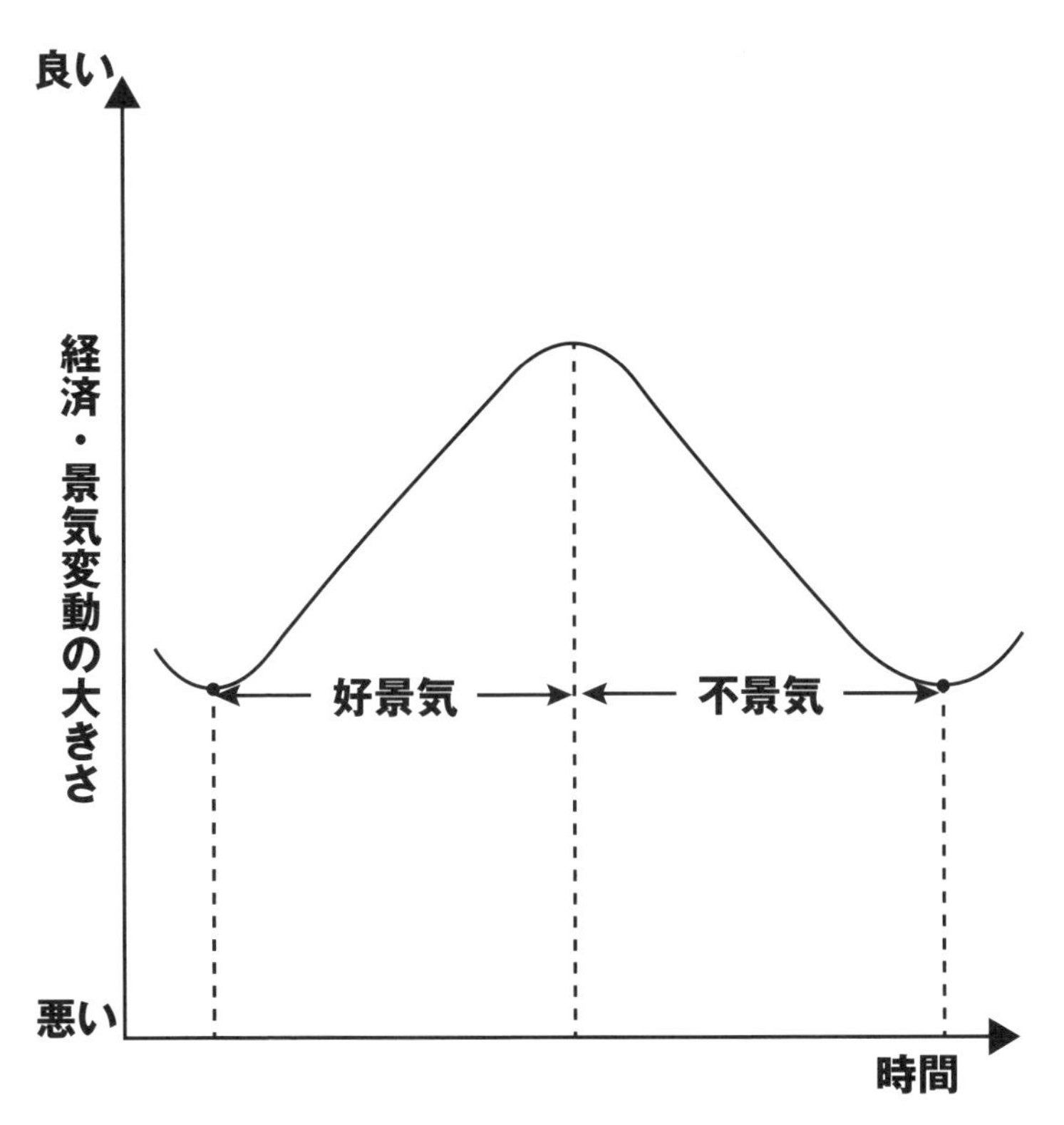

好景気と不景気が、さも同じ期間で
繰り返しているようなイメージを与えている

一方、株価も景気サイクルと同じような流れで上昇期間と下落期間が同じという認識になりがちですが、81ページのように、現実の株価は、上昇期が長く緩やかに、下落期は短期間で、急激な下落となって発生します。

経済や株価は生き物ですから、株価上昇期や下落期の期間が具体的に何年続くと言えません。

しかし、過去の変動を振り返ってみると、株価上昇期は約5~8年、下落期は1~2年というスパンで起こっているのです。

83ページの上のグラフは、2001年から2010年までの日経平均株価推移です。2003年あたりを底に、一時的な下落や横ばいはありながらも、2007年まで株価上昇期が続きました。

その後、2008年には株価が急落。5年かけて上昇を続けてきた日経平均株価が、わずか1年半で2003年の最安値水準まで落ちたのです。

83ページの下のグラフは、2012年から2017年までの長期チャートです。

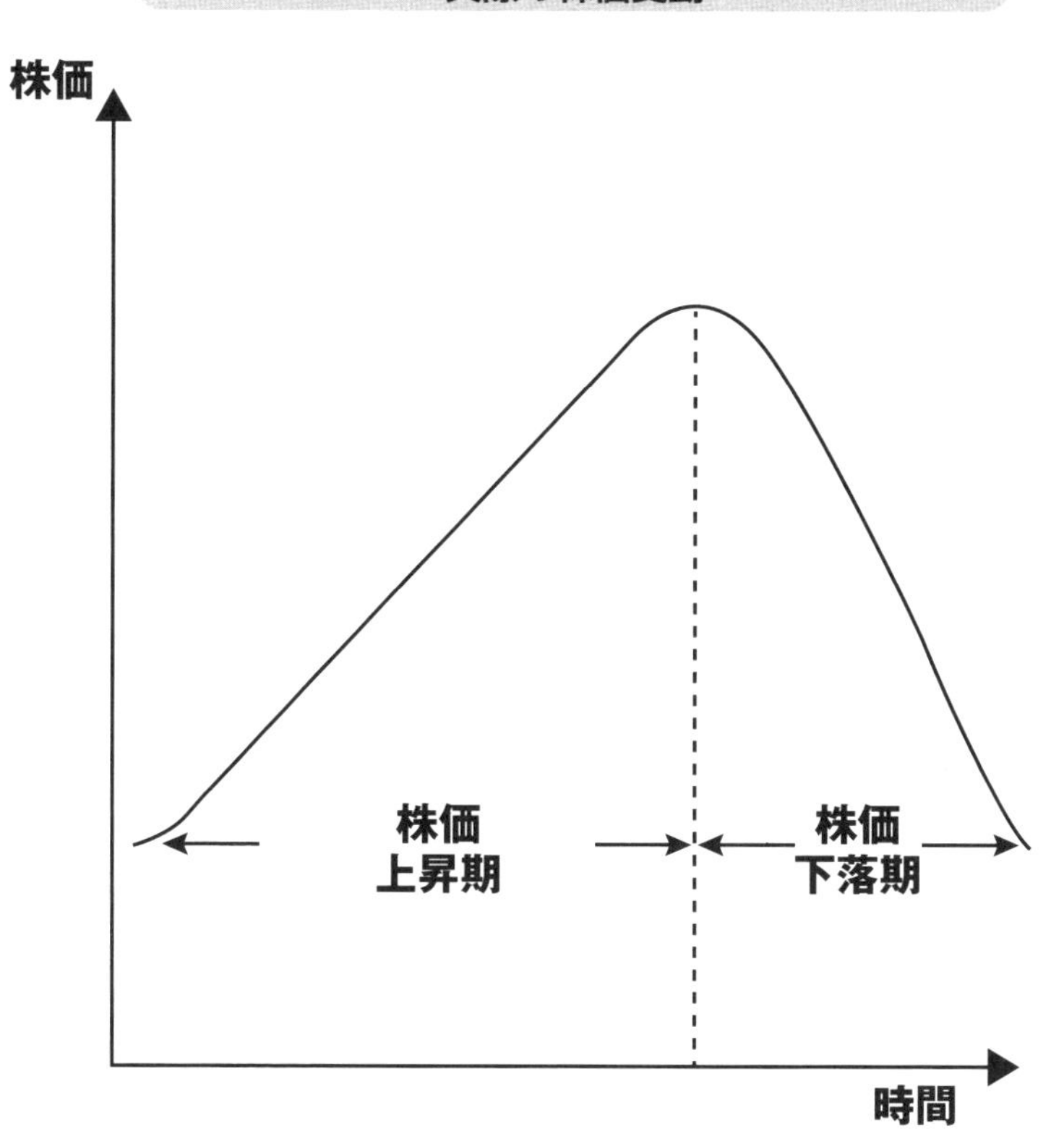

上昇期は長く、緩やかな動きとなり
下落期は短く、急激な動きとなる

２０１２年の底から２０１５年にかけて株価上昇期が続きます。２０１６年は下落に転じるも、２０１７年６月時点で、日経平均株価は再び２万円を超えました。

５～８年のサイクルが繰り返された場合、最大で東京オリンピックが開催される２０２０年あたりまで、株価上昇が続くと予想できます。

次の不景気入りの転換点は、投資のプロでも経済専門家でも予想することが非常に難しいといえます。

現在の出来事やニュースにただ流されるのではなく、長期視点での投資も意識しましょう。

2001年から2010年までの日経平均株価推移

「株探」より

株価上昇期は約５～８年、株価下落期は１～２年というスパンが見て取れる

2012年から2017年までの長期チャート

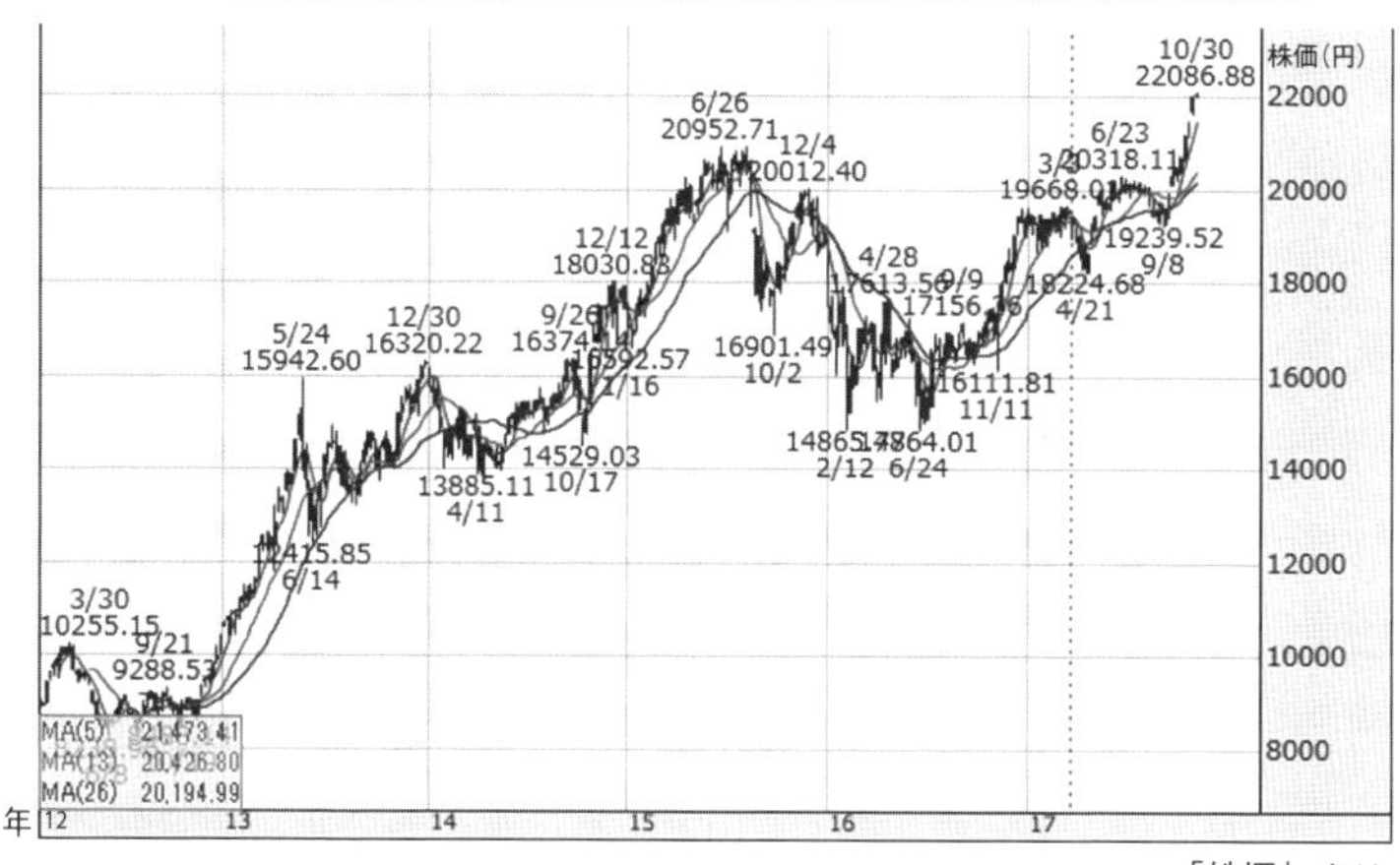

「株探」より

2020年までは上昇基調であることが見てとれる

第2章　まとめ

- 1億円の金融資産を持つ人は 10 人中8人が株式投資をしており、金融資産が1億円以下の人は 10 人中2人しか株式投資をしていない。この事実に注目しよう。

- 日経新聞は、あるニュースが「売上高」と「利益」にどう関連するかという視点で読む。

- 会社説明会では、大和ＩＲモニタークラブが開催数、開催場所ともに最大級でオススメ。過去に実施した会社説明会の動画や資料も視聴・閲覧できるため、参加できなかった場合でも、インターネット上からチェックすることができる。

- ＩＲイベントは「投資先を知る」という視点で行くと、大きな収穫が得られる。

- 過去の歴史を知ることで、投資スタンスが確立しやすくなる。

- 株価が好調な時ほど冷静に対応、判断すること。60 歳からの投資家は、すでにその能力を兼ね備えているから、自信を持って。

第3章

60歳からの「高配当株」投資術

～有望銘柄の見極め方～

1

企業ライフサイクルで株価の動向を想定する

利益は「株主」に還元される

株式投資は「新時代」に入ったと私は考えています。何がどう「新時代」に入ったのか。それをつかむために、まずはこれまでの株式投資の動向を振り返ってみましょう。

株式投資の黎明期(れいめいき)は、高度経済成長時代です。この時代は企業の成長とともに、株価も長期的な上昇を続けました。そのため、キャピタルゲイン（売却益）がリターンを得る最善の方法でした。

現在のようにインターネット取引がなかったので、取引は証券会社に電話をして行うのですが、手数料は高く、1回の取引で購入代金の1％以上かかりました。

また、売買単位は1000株が普通だったため、1社の株を保有するのに100万円以上が必要なので、個人投資家はほとんど存在していませんでした。

ところが、1990年代の日本版金融ビッグバンで状況が大きく変わります。

当時の政策の柱として、市場原理が機能する自由な市場、すなわち「フリー」「フェア」「グローバルスタンダード」の3つが掲げられ、金融緩和政策が進みました。

個人投資家にも多くの恩恵が与えられました。

- **外為法の改正（個人向け外貨預金の解禁。のちのＦＸに）**
- **証券取引法の改正（インターネット証券の誕生。手数料自由化）**
- **投資信託の窓口販売**
- **ラップ口座の解禁**
- **ペイオフ解禁**
- **ネット銀行の登場**

など

金融ビッグバンによって「デイトレーダー」という新しい投資スタイルも誕生しました。

2000年に貯金やアルバイトで稼いだ164万円を元手に株式投資をスタートし、たった7年で資産を185億円まで増やしたBNF氏のような人も出てきました。

普通の大学生や主婦、フリーターが、アルバイトで貯めたお金を投資して、資産が数億円になったという話は、手数料が自由化される以前にはなかったことです。

金融ビッグバンのおかげで、投資への敷居が下がり、個人投資家の存在も大きくなっていったのです。

企業の状態と株価は連動している

きっかけはリーマンショックでした。

リーマンショックの発生により、上場企業の収益は急激に悪化していきます。

業績向上による株価上昇で投資家に還元するというストーリーを描けなくなった企業は、売却益よりも安定的な配当金や株主優待で株価下落を食い止めようとしました。

幸い、収益力は米国の景気回復とともに復活し、現在も株主還元額の増加傾向が続いています。

しかしながら、上場企業が株主還元を強化する背景には日本企業の成熟化があります。

製品ライフサイクル（Product life cycle）というマーケティング用語があります。91ページのように、製品が市場に登場してから退場するまでの間を黎明期、成長期、成熟期、衰退期の4つの段階に区切り、それぞれの期間で、どれだけ収益に貢献するかを表したグラフです。

実は、製品サイクルと同じく、企業にもライフサイクルが存在しています。

- **黎明期**　introduction stage　商品が販売されてから徐々に売れ始めるまでの期間のこと
- **成長期**　growth stage　商品が最も売れる期間。利益がいちばん増えるときでもある
- **成熟期**　maturity stage　多くの消費者に商品がいきわたり、売上が増加傾向から減少傾向に変わる期間のこと
- **衰退期**　decline stage　売上、利益ともに大幅減少していく期間のこと

黎明期や成長期は会社がどんどん成長していくため、株価も同じように上昇傾向となります。しかし、成熟期に入ると成長力が鈍化します。売上も横ばいか、なだらかな減少傾向となり、株価も下落しやすくなります。株価が下がると、時価総額も低くなります。そうなると、買収されるリスクが高くなります。その他、時価総額が小さくなると、企業活動を続けていくうえでのデメリットがいくつも出てきます。

そのため、**株価下落の防止策として、株主還元の強化に舵を切ります。**

ご存じのとおり、日本は少子高齢化、人口減少社会に入っています。GDPもゼロ成長が続いていますが、将来的にはマイナス成長もあるでしょう。連動するように、日本企業も成熟化の段階に入りつつあります。

そのため、**配当金の増加や株主優待、自社株買いなどの株主還元策に、ますます力を入れる企業が増え続けていくと私は予想しています。**

配当金と並んで、個人投資家に人気の株主優待も、実施企業が増加し続けています（93ページ参照）。

2010年度の株主優待実施企業数は1026社、上場企業全体の26・9％でした。

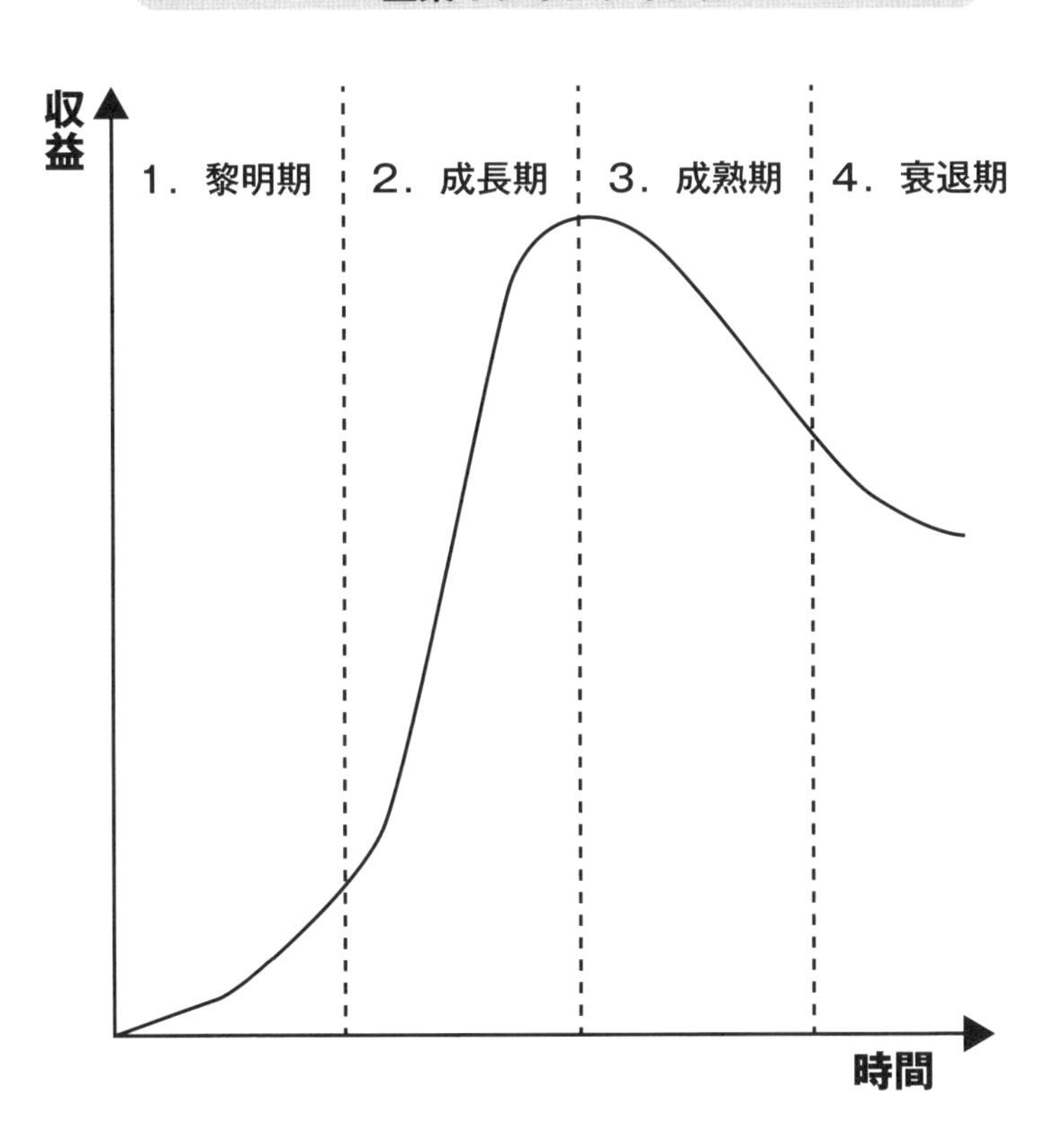
企業のライフサイクル
収益
1．黎明期
2．成長期
3．成熟期
4．衰退期
時間

その6年後、2016年には実施企業数が1336社まで増加。実施率は34％まで急上昇しています。3社に1社が、何らかの株主優待を用意しているのです。

まさに今は、株式投資の「新時代」。

個人投資家が主役の時代なのです。

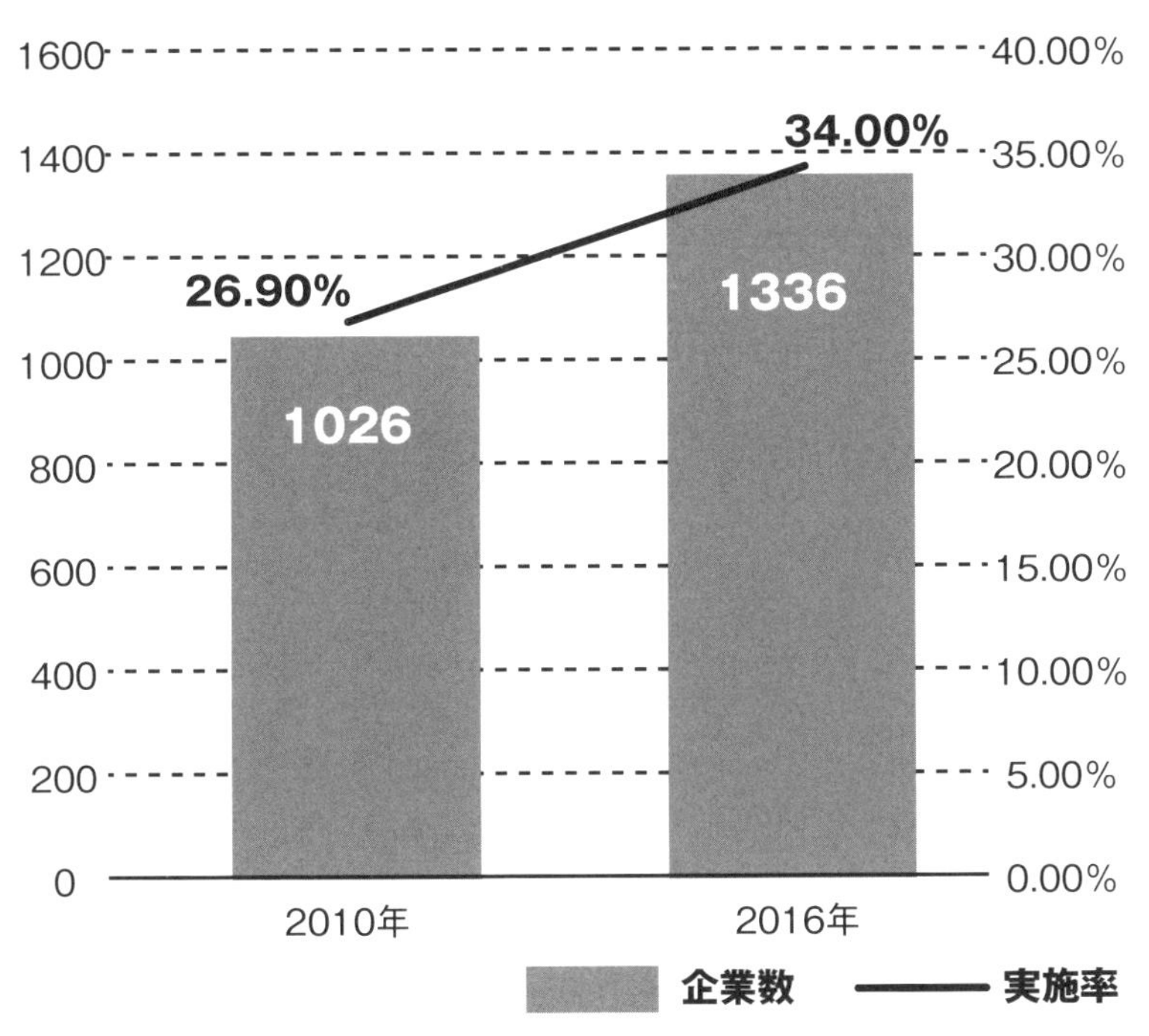

（野村IR調べの資料を基に著者作成）

2

過去の業績と配当利回りを確認する

高配当株の基準は「配当利回り3％以上」

株式市場に上場している企業は、成長株や市況関連株など、いくつかのタイプに分類されます。

そのなかで私は、「高配当株」という種類の株を主力投資先としてオススメしています。

高配当株とは、文字どおり、株価に対する配当金をもらえる割合が高い株のことです。

株価が好調な時と下落基調の時とで配当利回りが常に変動するため、何％以上が高配当株だという明確な基準はありませんが、配当利回りが3％を超えていれば、高配当株だと判断してよいでしょう。配当利回りの計算方法は95ページのとおりです。

配当利回りの計算法

配当利回り（%）＝

配当金 ÷ 株価 × 100

※配当利回り：配当金の利回り率のこと

例）
株価1000円、1株配当金30円のＡ社の配当利回りは、以下のとおり。
30÷1000×100＝3%

☑ 高配当株の株価は安定している

私は高配当株が好きで、多くの会社の高配当株を保有しています。

その理由は、高配当株の株価が比較的安定していることにあります。

株価が１０００円、配当金が30円、配当利回り３％のA社があるとします。

株を保有した後、順調に株価が上昇するのが理想ではありますが、残念ながら株価が下落することもあります。

仮に、一時的な急落によって株価が７５０円まで下がった場合、１株につき２５０円の含み損となります。大変ショックなことです。

しかし利回りに目を向けると、配当利回りが４％に上昇することがわかります。これが一つの買い材料となり、株価が反発していくのです。

他のタイプの株では、「株価下落」は暗い話題でしかありません。しかし、高配当株では、配当利回りが上がるというプラス材料を伴うのです。

続いて、リーマンショック級に株価が暴落した場合を考えてみましょう。

先ほどのA社の株価が６００円まで下がった場合、含み損は40％になります。これは相

株価が下がると配当利回りが上がる

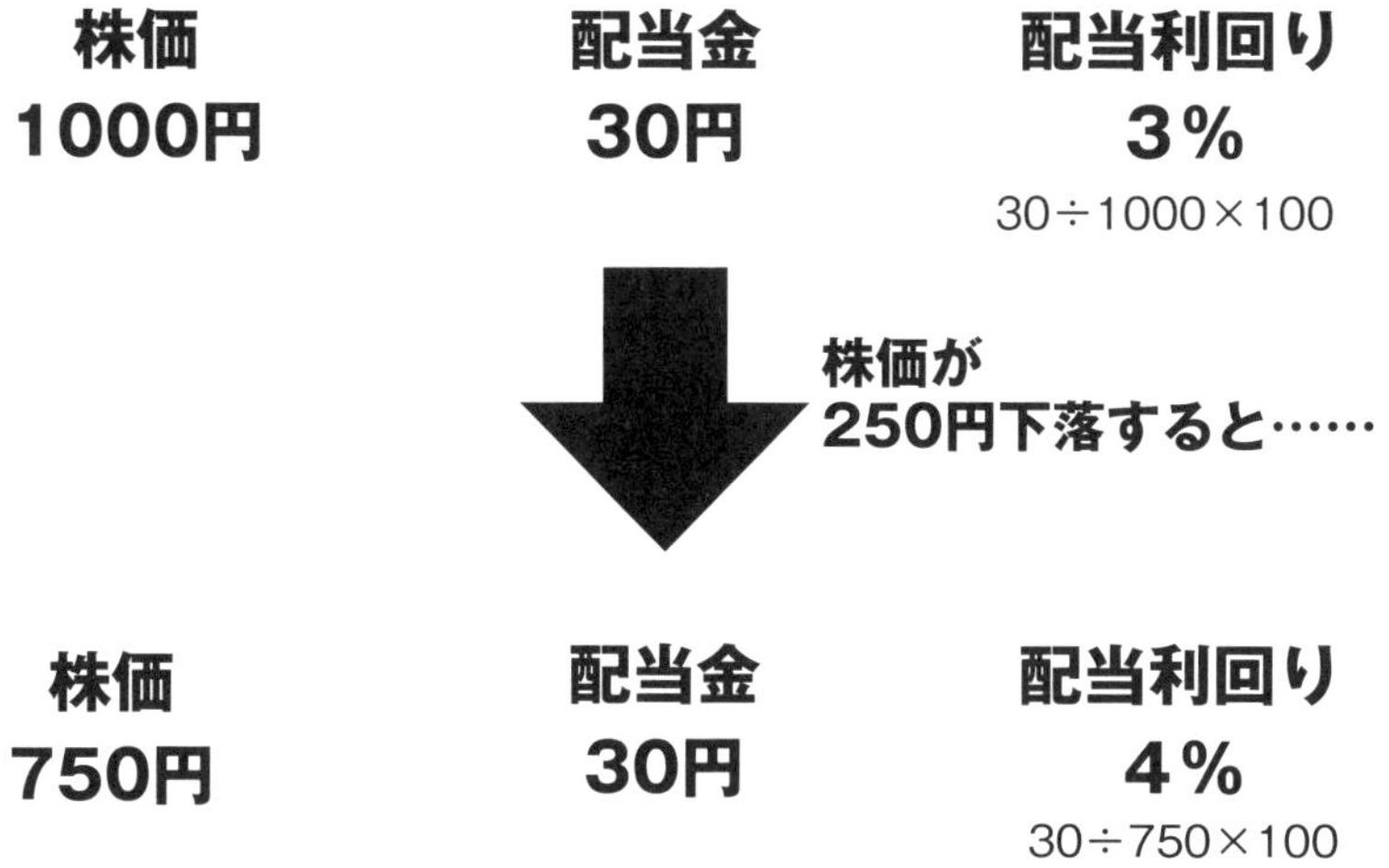

株価	配当金	配当利回り
1000円	30円	3% 30÷1000×100

↓ 株価が250円下落すると……

株価	配当金	配当利回り
750円	30円	4% 30÷750×100

株価が下がると、結果的に配当利回りが上がる

当な損失ですが、配当利回りは5％まで上昇するのです。

高配当株は、高い配当利回りが一つの好材料となり、株価が反発しやすいため、高い配当利回りが株価下落のブレーキ役を果たすという特徴があります。

増配による株価上昇効果も見込める

また、保有している会社の業績がいいと、今まで予想していた配当金よりも高くなると発表されることがあります。これを「増配」といいます。

株式投資は定期預金や国債と違いリスクはありますが、あらかじめ決められた利回りはありません。そのため、会社が儲かった場合、配当金を多くもらえるのです。

さらに「増配」というニュースが、株価上昇効果を生みます。

最近、企業の内部留保（家計の貯金に該当するもの）に対して課税してはどうかと議論が出ていますが、これが実現すれば利益を株主に還元するきっかけになると考えられます。

リスク回避して株式投資をしていないと、資産が減ることこそありませんが、こうした増配などのような収入もないということです。株式投資をしている人と比べると、相対的に資産は大幅減少しているとも考えられます。

過去の業績が安定している会社は、株価に安定感があり、これからも利益をもたらしてくれる可能性が高いです。

とくに高配当株投資は、比較的リスクが低いにもかかわらず、「配当金」「株価上昇」という2つの収益をもたらしてくれるうえに、増配の可能性も持っています。

過去の業績が安定している会社は、株価に安定感がありますし、これからも利益をもたらしてくれる可能性が高いです。

60歳からの株式投資の目的は着実に資産を増やすこと。

高配当株は、まさにそのスタイルに適しています。

リスクは比較的低いにもかかわらず、「配当金」と「株価上昇」という2つの収益をもたらしてくれる高配当株を保有対象に選ぶのが効果的なのです。

高配当株のトレンド❶

「株主優待の拡充」は株主を大切にしたいというメッセージ

個人投資家に大人気の株主優待

配当利回りが高く、安定的なインカムゲインが入り続ける高配当株。

ＱＵＯ（クオ）カードや食事券、カタログギフトなど、種類が豊富な株主優待は個人投資家に大人気です。

ここからは、配当金や株主優待の新しいトレンドを紹介します。

まずは一つ目。「株主優待の拡充」です。

株主優待の拡充とは、株主優待品の内容がさらに増えることをいいます。

☑ すかいらーく(3197)の株主優待制度拡充策

2017年2月。「ガスト」「バーミヤン」「ジョナサン」など多数の飲食店チェーンを手掛けているファミリーレストラン最大手のすかいらーくが、株主優待制度を一部変更する発表を行いました。

同社の株主優待は、自社のレストランで使える食事券です。これを保有株数によって贈呈金額は異なるものの、従来の3倍にすると発表したのです。

従来は100株保有で年間2000円分の食事券、保有株数が増えると金額も増え、1000株以上の保有で年間2万3000円分の食事券を受け取ることができました。

それが株主優待制度の拡充により、100株保有で年間6000円。300株保有で年間2万円、1000株保有でなんと年間6万9000円分も受け取れることになったのです。

すると、株主優待制度拡充の発表をする前の株価は1540円、配当利回りは約2・6%でしたが、**株主優待制度拡充の発表により、総合利回り（配当金と株主優待の価値を合計したもの）は6・5%程度にまで急上昇したのです**（103ページ参照）。

☑ フジ・コーポレーション（7605）の株主優待制度拡充策

自動車用タイヤ&ホイールを東北、関東中心に直営展開し、通信販売にも力を入れているフジ・コーポレーションも2017年2月、株主優待制度の拡充を発表しました。

従来は100株以上の保有で1000円分の三菱UFJニコスギフトカードを贈呈していたのですが、2017年2月の拡充策ではなんと、**従来の5倍にあたる5000円分のギフトカードを贈呈するという発表をしたのです**（ただし500株以上の保有に関しては、優待内容変更なし）。

この発表により総合利回りも2・0%から4・5%へと急上昇しました。

また、発表前の株価は1997円でしたが、翌日の株価はそこから300円以上も急騰しています。

☑ 株主優待制度を拡充するメリット

株主優待制度を新設・拡充させる最も多い理由は、個人投資家を増やし、東証1部上場に指定替えをするためです。東証1部企業になると、会社の知名度やブランド力が一気に

総合利回りの計算法

配当利回り（%）＝
配当利回り（%）＋
株主優待利回り（%）

例）
すかいらーくの株主優待制度拡充発表後の総合利回りは、
100株を保有していた場合、以下のとおり。
約2.6%＋約3.9%＝6.5%
2017年予想は1株40円のため、100株保有の場合、4000円

企業概要

すかいらーく（3197）

全国に3000店舗あるファミリーレストランの最大手。

2006年に業績低迷により非上場となるも2014年に再上場。現在の業績は順調で、増配が続いている。

フジ・コーポレーション（7605）

自動車用タイヤ＆アルミホイール販売店。東北地盤のため、スタッドレスタイヤが利益の柱となっている。大雪のニュースが流れると、株価が急上昇することがある。

明光ネットワークジャパン（4668）

生徒数は、微減が続いているが、新たな教育サービス開発に意欲的に取り組んでいる。次世代型そろばん教室はインパクトあり。

上がるからです。

また、資金力のある機関投資家からの買いが入るため、時価総額も上がります。

ここで取り上げた2社は、どちらももともと東証1部上場銘柄でしたが、株主優待を拡充させることによって、次のような考えがあったと思われます。

●長期で保有してくれる株主を増やしたい
●投資魅力度を増加させたい
●株主を常連客にしたい

すかいらーくとフジ・コーポレーションは、株価上昇につながる思い切った拡充策を発表し、投資家の期待に応えたといえるでしょう。

☑ 明光ネットワークジャパン(4668)の株主優待制度拡充策

3年や5年など、継続して保有を続けることで、株主優待の内容がパワーアップする長期保有制度を導入している企業もあります。

小中高向け個別指導の補習塾「明光義塾」を展開している明光ネットワークジャパンは、１００株以上の株主を対象に、株主優待品としてＱＵＯカード１０００円分を贈呈しています。加えて、同社の株を3年以上継続保有している人には、さらに２０００円増額され、３０００円分のＱＵＯカードが贈呈されるなど、長期株主を大切にしている姿勢が見られます。

機関投資家は売買が頻繁であったり、保有株数が多かったりするため、株主優待よりも配当金を重視しています。そのため、株主優待に関するニュースは軽視しがちです。

しかし、個人投資家視点では、株主優待の拡充というニュースはメリットだらけの要注目情報であることがわかります。

高配当株のトレンド②

4 「決算月変更」は経営の透明性を見るチャンス

☑ 決算月が分散すると、投資しやすくなる

日本の上場企業の7割が、3月決算です。

高配当株や株主優待が人気の会社は、配当金および株主優待が獲得できる3月に資金が集中します。そのため、割安度が下がるというデメリットも持ち合わせています。

ところがここ数年、大手の国際企業を中心に、決算月を3月から12月へと変更する動きが起こっています。

中国では12月決算が法令で定められており、欧米でも12月決算が主流となっているため、

グローバル経営を考えると、決算月を変更したほうが業務効率化などの点で都合がいいのです。

配当金や株主優待を目的とした投資をする場合、3月に購入したい会社が多いのに、肝心の投資資金が足りなかったり、割安度が低くて投資しにくかったりするなどのマイナス要素がありましたが、決算月が3月と12月に分散されていくことで、3月一極集中による株高が緩和され、より効率的に分散投資できるようになるでしょう。

日本でも、花王（4462）が2017年5月に、今後は決算月を3月から12月へと変更する旨を発表しました（花王は28年連続で増配している素晴らしい会社です）。

変更の理由の一つとして、「海外連結子会社と決算期を統一させることで、経営の透明性を図る」と挙げています。

最近、巷を賑わせている神戸製鋼（5406）のデータ改ざん問題や日産自動車（7201）の無資格検査員による新車出荷問題などといった、企業の不祥事が起こりにくくなることも考えられます。こうしたことからも決算月変更はよいニュースと考えていいでしょう。

高配当株のトレンド❸

「J-REIT」と組み合わせて盤石にする

☑ 米国発の不動産投資形態

Ｊ－ＲＥＩＴ（ジェイリート）とは、日本版不動産投資信託のことです。日本では２０００年５月の投資信託法の改正により誕生しました。

Ｊ－ＲＥＩＴは、１９６０年代に登場した米国ＲＥＩＴをモデルにしています。米国では、多くの個人投資家に定着しています。

Ｊ－ＲＥＩＴは投資信託と同じく、小口（小額）の資金を投資家から集め、そのお金で株や債券などの有価証券ではなく、不動産のみを購入、売却する投資信託です。

集めた資金で物件を買い、賃貸収入と物件売却代金を投資家に分配金という形で支払うのです。

J-REITは不動産売買ではなく、賃貸収入を柱とした投資のため、不動産大家と非常に似ている性質を持っています。

☑ J-REITのメリット

一般的な不動産投資には、数千万円単位の資金が必要であり、個人投資家にとってはかなりハードルが高いといえます。さらに、次のような多くのリスクがあり、不動産投資に踏み切るには、かなりの覚悟が必要です。

- **物件の当たり外れ**
- **多額の借入金と長期的な返済**
- **空室リスク**
- **家賃の滞納など住人とのトラブル**
- **地震、火災などの天災リスク**

また、有益な不動産を選ぶためには、膨大な時間と専門知識を必要とします。

ニュージーランドの不動産投資家であるドルフ・デ・ルース氏の言葉に「100：10：3：1の法則」があります。「100件の物件を見学し、そのうち10件に買い付け申込書を出し、3件に融資の手配をして、ようやく1件買える」という意味です。

要するに「数ある物件の中で、本当に収益になる物件はそれだけ少ない」ことを表しています。

ドルフ氏の言葉をそのまままとめると、収益になる物件は見学したうちの1割しかなく、購入までいくのはそのうちのさらに1割です。

これだけ大変な不動産投資に対し、J-REITへの投資はメリットが多くあります。

それぞれ見ていきましょう。

●100億円以上の物件でも、株式と同じように小口で購入可能

個人が不動産を買おうとした場合、現実的には、高くても数億円単位までが限度でしょう。

不動産自体に収益力があるとしても、地震などのリスクもゼロではないため、働いて返済できる範囲を超えた大金を貸し出すことはありません。

しかしＪ－ＲＥＩＴでは、１００万円の資金を出せる個人投資家が１万人集まれば、１００億円が用意できます。

その運用益（利益）を１万人の個人投資家で分け合えば問題になりません。

そのため、少額の投資で大都市の一等地と呼ばれる土地や、そこに建っている物件を購入することができるのです。

●利益のほぼすべてが分配金として配当されるため、利回りが安定している

Ｊ－ＲＥＩＴは利益の90％以上を投資家に配分すれば、法人税はかからないという決まりがあります。

Ｊ－ＲＥＩＴは会社の儲けのほぼすべてを投資家に配分しているため、利回りを高く実現することができるのです。

株の場合なら、１株利益が１００円としても、そのうちの40％、つまり40円が法人税の支払いになります。さらに残った利益も、内部留保や来年以降の業務拡大、あるいは株主

優待等に使うため、配当金に回るのは、儲けた一部分でしかありません。仮に配当性向30%だとしたら、配当金は60円×0・3%で、1株18円となります。

しかし、J-REITでは、利益がそのまま個人投資家に分配金として支払われます。113ページの数式を見れば、その違いが明らかでしょう。

もちろん、不動産を売却したときの売却益も投資家に分配されますので、決算期によっては賃料プラス売却益が加わり、さらに分配金が高くなります。

●不動産の専門家が物件を目利きして、賃貸経営してくれる

J-REITでは、不動産を検討、購入、売却する時期などの投資判断はすべて、投資法人の専門家が携わっています。

購入後の物件管理やテナント、賃貸の募集なども管理会社か関わっているため安心感があります。

J-REITは有価証券のため、取得物件の詳細や取得額、物件の稼働率がホームページや有価証券報告書などから知ることもできます。

株式投資とJ-REITの「利益還元」の違い

●株式投資の場合

（ 利益 － 税金 ） × 配当性向 ＝ 配当金

●J・REITの場合

利益 ＝ 分配金

●分散投資が可能

Ｊ－ＲＥＩＴは銘柄により、投資対象になる建物の種類や地域が異なります。投資対象になる建物の種類は、オフィスビル、商業施設、住居、ホテル、物流施設などがあります。投資する地域も、東京23区内、関東、関西など、銘柄により異なります。

経済動向が悪く消費が下向きの時ならば、利回りの大きさにいちばん影響が出やすい商業施設をメインとしたＪ－ＲＥＩＴを売却し、その資金で、長期安定性があり、賃貸の値崩れが少ない住居をメインとしたＪ－ＲＥＩＴを多く購入したりすることも可能です。

他にも、風水害や地震などの天災リスクを避けるため、23区内の建物をメインにしたＪ－ＲＥＩＴ以外に、関西の建物をメインにしたＪ－ＲＥＩＴを購入しておく、ということもできます。

●上場しているため、換金性が高い

Ｊ－ＲＥＩＴは株式と同じ有価証券です。市場が開いているときは、いつでも売買が可能です。

そのため、売り注文を出し売買が成立すれば4営業日目には現金化することができます。現物の不動産を売るには、まず買ってくれる相手を見つけ、交渉しなければなりません。さらに、相手が見つかっても即日売買するのはほぼ難しいでしょう。売りたくても買い手が見つからないケースもあります。

J-REITについての情報は、「すべての投資家のための不動産投信情報ポータル」(http://www.japan-reit.com/)というサイトがとても便利です。分配金利回りや決算月など、一覧表でチェックできます。私も重宝しています。

「大家さん型」の安定的な投資法

J-REITは株式と比べて株価や配当金が安定していて、決算月が分散しているという特徴があります。

株式の決算月が分散化していることはすでにお話ししましたが、**株式とJ-REITを組み合わせることで、大家さんのように配当金を受け取ることが可能となります。**

2016年、月ごとに私が受け取った配当金は117ページのとおりです。

年間合計約110万円を受け取りました。いちばん大きいのが6月（26・73％）、その次が12月（18・53％）です。

6月と12月を合計すると約45％となり、受取配当金の約半分が、2つの月に集中しています。

6月は3月決算の会社が配当金を支払う月です。

会社には、「決算基準日時点の株主に配当金受理等の権利を与え、3か月以内に実施する」という決まりがあります。3か月より早い会社もありますが、大半は3か月程度かかるため、3月決算でも配当金は6月になるのです。

続いて12月は、3月決算会社の中間配当金の支払い月です。

先ほども述べたように、上場企業の7割は3月決算です。そのため、6月、12月の受取配当金が、私が受け取った構成比以上に集中してくる可能性もあります。

一方で、4月の配当金はゼロ。7月の配当金も3万円以下となっており、とても少ないといえます。

著者の2016年月別配当金受取額

配当金受取月	金額	構成比
1月	100,000円	9.06%
2月	52,400円	4.75%
3月	70,500円	6.39%
4月	0円	0%
5月	69,800円	6.32%
6月	295,050円	26.73%
7月	26,500円	2.4%
8月	55,500円	5.03%
9月	122,500円	11.1%
10月	33,800円	3.06%
11月	73,050円	6.62%
12月	204,550円	18.53%
合計	1,103,650円	100.0%

1月決算の上場企業はわずか50社ほどしかありません。1月決算の会社で配当利回りが高い会社に積水ハウス（1928）などがありますが、保有したい株式の選択肢は限られています。

そこで、1月や4月など、決算が極端に少ない月をJ‐REITで埋め合わせることが可能です。

たとえば、1月決算のJ‐REITにスターアジア不動産投資法人（3468）があります。

同社は中規模クラスの不動産保有が中心で、ポートフォリオはオフィスビル、住居、ホテルなどバランス型となっています。東京圏の投資割合が70％という方針ですが、分配金利回りはなんと約6・5％（執筆時）と、積水ハウスの2倍近くあるのです。

J‐REITは投資対象が不動産になるため、株式と比べて株価や配当金が比較的安定していると、冒頭で記載しました。

もちろん経済環境や投資ムードの悪化により株価の下落は起こります。

分配金についても、同じ分配金が続くという保証はどこにもありませんが、Ｊ－ＲＥＩＴが誕生する以前は、数十万円で不動産オーナーになれるなんて、ありえませんでした。それこそ人生を賭けて多額のローンを組み、失敗できない投資をしていたのです。

Ｊ－ＲＥＩＴという選択肢を選ぶことで、投資の負担はだいぶ軽くなりました。

退職後の資産運用を考えた場合、年金に加えて、毎月安定した収入を受け取りたいという気持ちが他の世代より高くなります。しかし、投資信託の現実でも指摘したとおり、第2の年金には不十分です。

そこで私は、**「高配当株＋Ｊ－ＲＥＩＴ」という投資の組み合わせをオススメしています。**

高配当株のみへの投資だと、6、12月に受取額が集中してしまうこと、株価が同時期の景気や業績に左右されやすくなることから偏りが生じてしまいます。

このデメリットは、Ｊ－ＲＥＩＴを保有することで補うことができるからです。

投資対象を株式と不動産に分散させることにより、より盤石なポートフォリオになるというわけです。

6

高配当株発掘戦略❶

「1株利益」の推移に注目する

☑ 高配当株投資に最も有効な指標「1株利益」

株式投資には、様々な経済用語や、指標が存在しています。

また、後から後から新しい指標が登場するため、どれを投資判断に使えばいいのか混乱してしまいます。

あらゆるタイミングでも勝ち続ける〝黄金法則〟というのは存在しません。

だからこそ新しい指標が次々誕生したり、いくつかの指標を組み合わせたりして先読みしていくわけです。

投資指標の活用方法は人それぞれですが、長年相場に関わってきた私が、「高配当株投資にいちばん有効な指標で、信頼度が最も高い」といえるのが「1株利益の推移」です。

1株利益とは、純利益を発行済み株式数で割ったものです。

1株利益に注目すると「バイアス」に惑わされない

なぜ、1株利益なのか。一つ目の大きな理由は、大企業の「バイアス」に左右されない点にあります。

バイアスとは「偏り」という意味です。株式投資をこれから始める人や、投資初心者は、経験豊富な人に比べて、大企業を投資対象に選ぶ傾向が強いといえます。

社名を聞けば誰もが知っていて、知名度やブランド力も高く、日本経済の中心的存在な会社を選びがちなのです。

たしかに、**大企業は長年存続しているため、株価も安定しているという思い込みも生まれやすいのですが、現実は、景気の変動によって大きく業績が左右される株でもあります。**

世界中に商品を販売している会社であっても、不景気時には株価が数分の1になってしまう場合もしばしばあるのです。

「大企業は株価も安定している」という先入観が、塩漬け株の原因にもなりますが、1株利益の推移を事前に確認すると、大企業の過大評価に惑わされず投資先を選ぶことができます。

☑ 1株利益に注目すると「会社の堅実度」がわかる

1株利益に注目する二つ目の理由は、会社の堅実度がわかる点です。

1株利益が年々増加している企業は、経営がコツコツとできている会社だと見ることができるのです。

上場企業には、堅実経営をする会社もあれば、過大なほどに借入金を増やして綱渡り経営をするような会社も見受けられます。

配当金収入を目的とした投資の場合、もちろん前者を選ぶことが必須です。

配当金の原資は会社の利益に他なりません。そのため、安定的に配当金を払っている会社は、理想的な投資先といえます。

1株利益を過去、着実に生み出してきた会社は、これからも配当金をしっかり払ってくれる優等生なのです。

さらに、1株利益が上昇基調の会社は、増配する可能性も高いと見ることができます。株価の急騰や短期的な売買を狙う投資の場合、売上高やニュースから判断しても有効でしょう。しかし、高配当株投資の場合、手堅く利益を出す会社を長期保有し、毎年配当金をもらい続けることが、最善策です。

その見極めが、1株利益の推移なのです。

東洋経済新報社が3か月に1回発行している『会社四季報』（以下『四季報』）は、定価が2060円でありながら、それ以上のコストパフォーマンスがある優れた本です。日本で上場している企業の情報がすべて掲載されています。

有望企業を選択するための情報源が網羅されていることや、小さな記事欄に企業の要点や会社の好調度などが凝縮して記されていることから、「個人投資家のバイブル」ともいうべき存在です。

長年『四季報』を見続けてくると、どの株が成長して恩恵をもたらしてくれるのか、データを見ただけで、ある程度判別できるようになります。また、企業の栄枯盛衰も見えてくるようになり、株価が10倍以上にもなる長期成長株もつかめるようになります。

そんな『四季報』ですが、2000ページ以上あるため、端から端まで読むことは、時間的にも労力的にも、ほぼ不可能です。

まずつかむべきは、ただ1点。企業の最終的な成果でもある「1株利益」の推移です。

1株利益を見るだけで、有望な会社か否かが、ある程度判断できるのです。

1株利益を見れば、配当も株価も伸びていく　日本電技（1723）

『四季報』では、過去3期、もしくは5期分の1株利益の推移を見ることができます。125ページは日本電技の『四季報』データと5年チャートです。

日本電技は1959年、空調自動制御の設計・施工・調整・保守まで一貫して行う、わが国初の専業会社として設立されました。その後、ビル空調計装工事の大手として業界をリードし続けています。

日本電技（1723）：会社四季報

1723 日本電技（にほんでんぎ）

【決算】3月 【設立】1959.9 【上場】2003.3

【特色】ビル空調計装工事の大手。工場搬送ライン用などの自動制御システムも展開。アズビルと提携
【単独事業】空調計装関連89(20)、産業計装関連11 (8) 〈17・3〉

【増額】空調は前期完工増で期初繰越残減だが新規受注積み上げる。再開発案件軸に増勢。複数大型案件剥落でも完工高原。産業計装も食品向け拡大。外注費増前提の会社営業益は慎重。最高純益。増配も。
【育成】来19年3月期受注目標300億円(今期計画288億円)。営業強化し産業計装拡大の方針。順次進めていた全国支店への産業計装の専門部署設置が4月完了。

【建設】 ⬇前号比減額 ㊈会社比強気

年月	【資本異動】	万株
01. 8	分1→10	496
02.12	分1→1.5	744
03. 3	公75万株 (365円)	819

JQⓈ	高値	安値
03~15	1300(07)	**315**(03)
16	2034(12)	1079(2)
17.1~5	**2840**(2)	2021(1)

	高値	安値	出来万株
17. 3	**2788**	2473	59
4	2606	**2141**	44
#5	2518	2378	22

【会社業績修正】上方4 下方0
経常益÷期初会社予想 1.5倍
【格付】ー

【業種】設備工事
時価総額順位 27／56社
【比較会社】1736 オーテック, 9960 東テク

【株式】6/30 8,197千株
単位 100株
時価総額 197億円

【財務】〈単17.3〉	百万円
総資産	28,550
自己資本	18,655
自己資本比率	65.3%
資本金	470
利益剰余金	17,646
有利子負債	0

【指標等】〈単17.3〉
ROE 11.3% 予11.5%
ROA 7.1% 予 7.5%
調整1株益 ー円
最高純益(17.3) 2,022
設備投資 235 予 ‥
減価償却 180 予 ‥
研究開発 126 予 ‥

【キャッシュフロー】	百万円
営業CF	1,646(2,793)
投資CF	▲784(▲350)
財務CF	▲533(▲528)
現金同等物	9,944(9,615)

【株主】単2,505名〈17.3〉	万株
自社従業員持株会	88(10.7)
永田健二	65(7.9)
みずほ銀行	34(4.2)
アズビル	32(4.0)
日本トラスティ信託口	31(3.8)
島田惟一	24(2.9)
島田良介	21(2.6)
島田外志子	19(2.3)
島田祥子	17(2.1)
島田淳子	17(2.1)

〈外国〉12.0% 〈浮動株〉14.0%
〈投信〉 3.4% 〈特定株〉45.1%

【役員】㈳島田良介 ㈿緒方賢一 ㈹大友春久 石黒巧 山本育之 梅村星児 ㈹監宇崎利彦* 青木英憲* 鈴木啓之* (6. 29予)

【業績】(百万円)	売上高	営業利益	経常利益	純利益	1株益(円)	1株配(円)
単13. 3	21,786	1,389	1,452	766	93.5	28
単14. 3	24,517	2,337	2,399	1,367	166.8	50
単15. 3	23,477	2,061	2,170	1,367	166.8	50
単16. 3	25,799	2,736	2,785	1,805	221.4	66
単17. 3	27,652	2,906	2,957	2,022	250.0	75
単18. 3予	**28,000**	**3,000**	**3,050**	**2,150**	**265.8**	**75~80**
単19. 3予	**29,000**	**3,100**	**3,200**	**2,200**	**272.0**	**75~85記**
中16. 9	10,033	143	170	107	13.2	5
中17. 9予	10,500	150	180	110	13.6	10
会18. 3予	27,600	2,900	2,930	2,015	(17.5.12発表)	

【配当】	配当金(円)
15. 3	45
15. 9	5
16. 3	61
16. 9	5
17. 3	70
17. 9予	10
18. 3予	65~70
予想配当利回り	3.12%
1株純資産(円)〈単17. 3〉	2,306 (2,106)

【本社】130-8556東京都墨田区両国2-10-14 両国シティコア ☎03-5624-1100
【支店】東京, つくば, 千葉, 横浜, 静岡, 浜松, 名古屋, 大阪, 岡山, 広島【営業所】14
【工場】川口, 岡山【テクニカルセンター】東京
【従業員】〈17.3〉 755名(39.9歳) 年775万円
【証券】上 JQⓈ 幹(主)野村(副)みずほ, 高木, 日興, 三菱Uモル, 大和 名みずほ信 監新日本
【銀行】みずほ, 三井住友, 三菱U, りそな
【仕入先】アズビル
【販売先】高砂熱学工業

（出典）『会社四季報2017年３集』東洋経済新報社刊

5年チャート

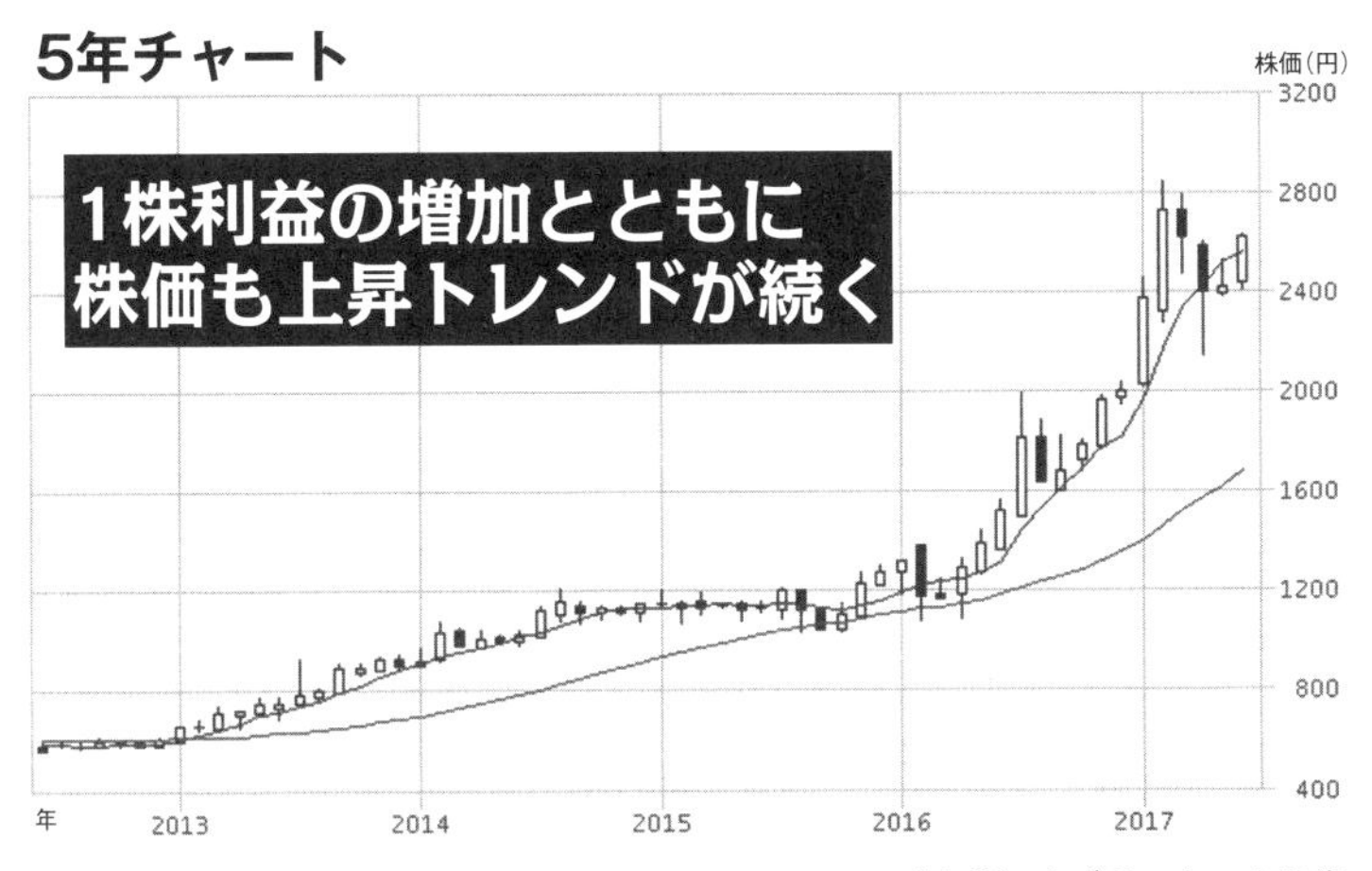

（出典）カブドットコム証券

『四季報』の枠で囲った部分が1株利益（『四季報』では「1株益」と記載）の部分です。いちばん上が２０１３年３月期の実績で、93・5円となっています。以降、２０１４年、２０１５年と続き、最新の業績は２０１７年度になります。

２０１３年から２０１７年まで、ほぼ毎年1株利益が増え続けているのがおわかりいただけるでしょうか。

続いて1株利益の右、「1株配（円）」をご覧ください。これは1株あたりの配当金のことです。「1株益」と同じように、配当金も増配が続いています。２０１３年度は1株につき28円の配当金でしたが、２０１７年度は75円にまで増えているのです。

投資対象かどうかは、1株利益（1株益）で瞬時に判断できるのです。

1株利益が伸びているということは、会社の利益も増えていることを意味します。同時に、会社も成長段階にあるため、5年チャートをご覧いただければわかるとおり、株価も上昇傾向となるのです。

まずは、1株利益の推移をパッと見てください。

理想的な形は、年度が新しくなるたびに、1株利益が増えている会社です。

しかし、5期連続で1株利益が増え続けている会社は、上場企業約3600社の中でも、ごくわずかです。

そのため年度によっては、前年より減少していても、大きな流れで増加傾向となっている会社であれば、投資対象候補としてください。

記事欄にも注目　プレサンスコーポレーション(3254)

『四季報』では過去の業績推移などのデータ掲載だけではなく、その情報をもとにした業界担当者による独自コメントにも注目する必要があります。

129ページは、プレサンスコーポレーションの『四季報』データと5年チャートです。まずは『四季報』の枠で囲った部分をご覧ください。「業績記事・材料記事」欄です。

枠内の前半部分では、四季報予想についての解説をしています。

【絶好調】という見出しは、上場企業の中でも限られた企業しか書かれていない、最上級の表現の一つでもあるため、注目です。

その他、「最高益」「連続最高益」など、1株利益が過去最高になるという意味の言葉が書かれている会社もチェックしておきましょう。

記事本文を確認して、タイトルの理由となった要因についても目を配るようにしてください。

枠内の後半部分は「材料記事」と呼ばれ、会社の中長期の成長力に関わる事柄や経営課題が記述されています。

プレサンスコーポレーションは、関西を中心に投資用ワンルームマンションからファミリー向けのマンション開発・販売を手掛けている会社です。

首都圏では分譲マンションが高騰しており、実際の需要とかけ離れた価格帯となっている面もありますが、関西圏では価格変化はなだらかで、業績も急激な変動が少ないという特徴があります。

業績記事・材料記事に目を通すと、前半のタイトルは【絶好調】の文字が。記事本文も「8期連続の営業2ケタ増益。連続増配」と書かれています。

プレサンスコーポレーション(3254)：会社四季報

【不動産】 ➡前号並み

3254 (株)プレサンスコーポレーション

【特色】関西中心に投資用ワンルームからファミリー向けの開発・販売に展開。名古屋、東京にも拠点
【連結事業】不動産販売96(16)、他4(34)〈17・3〉

【決算】3月
【設立】1997.10
【上場】2007.12

【絶好調】マンション引き渡しは期初契約率70%(前期65%)と高く、ワンルーム型、業者向け一棟販売好走。好採算のファミリー型の構成比向上、土地高騰に伴う原価高吸収。8期連続の営業2ケタ増益。連続増配。
【頂上狙う】広島県、福岡県に進出、集中的にマンション投下し同地でトップシェア狙う。業界平均を念頭に、毎期一定割合で配当性向引き上げ図る(16年度12%)。

【株主】単12,639名〈17.3〉 万株
(株)パシフィック 1,264(20.5)
山岸忍 1,260(20.4)
ノムラPBノミニーズ・ティーケーワン・リミテッド 804(13.0)
ドイツ銀行(ロンドン)PBノントリティCl613 301(4.8)
自社(自己株口) 248(4.0)
ゴールドマン・サックス・インターナショナル 187(3.0)
日本マスター信託口 150(2.4)
日本トラスティ信託口 101(1.6)
シティバンク(ロンドン)リファンド107 78(1.2)
CBロンドンCIPデポジタリーSLIGSCF 61(1.0)
〈外国〉29.6% 〈浮動株〉6.6%
〈投信〉8.8% 〈特定株〉73.4%
【役員】(社)山岸忍 (副社)土井豊 (専)田中俊英 河合克磨 (常)平野賢一 ⇨巻末
【連結】プレサンス住販，プレサンスコミュニティ，プレサンスリアルタ

【株式】%30 61,613千株
単位 100株 貸借 優待
時価総額 923億円
【財務】〈連17.3〉 百万円
総資産 185,307
自己資本 59,312
自己資本比率 32.0%
資本金 1,472
利益剰余金 59,308
有利子負債 101,101
【指標等】〈連17.3〉
ROE 19.2% 予20.6%
ROA 5.7% 予 6.6%
調整1株益 178.8円
最高純益(17.3) 10,526
設備投資 111億 予‥億
減価償却 3億 予‥億
研究開発 ‥億 予‥億
【キャッシュフロー】 億円
営業CF ▲254(▲175)
投資CF ▲69(▲20)
財務CF 399(195)
現金同等物 284(208)

年月	【資本異動】	万株
05. 1	分1→4	6.1
07.12	公1.2万株 (16万円)	7.3
11. 4	分1→200	1,503
16.10	分1→4	6,161

東証	高値	安値
07~15	295000(11)	989(11)
16	4705(7)	1078(9)
17.1~5	1549(5)	1212(4)

	高値	安値	出来万株
17. 3	1498	1340	403
4	1360	1212	235
#5	1549	1283	303

【会社業績修正】上方0 下方0
経常益÷期初会社予想 1.0倍
【格付】—

【業種】不動産(住宅)
時価総額順位 5/83社
【比較会社】3242 アーバネト，3245 ディアライ，8935 FJネクス

【業績】(百万円)	売上高	営業利益	経常利益	純利益	1株益(円)	1株配(円)
連13. 3*	42,349	9,393	9,329	5,351	89.0	8.75
連14. 3*	51,755	10,334	10,264	6,286	103.4	12.5記
連15. 3*	65,641	12,262	12,065	7,758	126.3	12.5
連16. 3*	78,990	14,057	13,798	9,194	152.3	15
連17. 3*	101,083	15,645	15,414	10,526	179.0	21.1
連18. 3予	126,600	18,300	17,800	12,200	207.4	25
連19. 3予	148,000	20,300	19,800	13,500	229.5	25~32
中16. 9*	61,498	11,997	11,910	8,059	137.0	8.75
中17. 9予	64,000	9,400	9,200	6,300	107.1	12.5
会18. 3予	126,562	18,301	17,818	12,176	(17.5.10発表)	

【配当】	配当金(円)
14. 3	50
15. 3	50
16. 3	60
16. 9	35
17. 3	12.4
17. 9予	12.5
18. 3予	12.5

予想配当利回り 1.67%
1株純資産(円)〈連17. 3〉 1,008 (853.5)

【本社】540-6027大阪市中央区城見1-2-27 クリスタルタワー ☎06-4793-1650
【支店】東京☎03-5204-0150，名古屋☎052-728-0950
【従業員】〈17.3〉連415名 単222名(30.5歳)年863万円
【証券】上東京 幹(主)大和(副)UBS，日興，三菱Uモル，みずほ 名三菱U信 監新日本
【銀行】三井住友，みずほ，三菱U，りそな，関西ア，大正，オリクス
【仕入先】長谷工コーポレーション，日本国土開発
【販売先】個人

（出典）『会社四季報2017年３集』東洋経済新報社刊

5年チャート

（出典）カブドットコム証券

1株利益を見ると、2013年度は89円でしたが、2017年度は179円まで伸び続けていることがわかりました。

配当金の推移も、2013年度の8・75円から、2017年度は21・1円まで増加しています。

また、2018年度の1株利益予想は207・4円、配当金予想は25円となっており、増益基調が続いています。

5年チャートを見ると、株価も2013年度以前は300円台でしたが、2017年度は1500円台まで上昇しています。

高配当株発掘戦略②

7 「連続増配」の可能性を見極める

☑ 増配する会社を事前に見分ける方法とは?

増配とは、株を保有することで、受け取れる配当金の額が当初の予想より増えることを意味する用語です。たとえば従来、1株につき5円という配当金予想をしていたA社が、配当金を10円にするという発表をしたら、増配です。

連続増配とは、数年にわたって増配を続けることです。

今期10円の増配を発表したA社が、次期も業績がよかったため、1株配当を15円に増配したら、「5円→10円→15円」という形となり、連続増配です。

あなたがA社の株を、５円配当のタイミングで１０００株保有していたとしましょう。

初年度の受取配当金は５０００円ですが、２年後にはその３倍。１万５０００円の配当金を受け取れるのです。

定期預金でこのようなことは絶対にありませんが、株式投資では頻繁にありえるケースなのです。

増配する会社を事前に見分けるには、どうすればよいのでしょうか。

ポイントは「キャッシュリッチ企業」です。

キャッシュリッチ企業とは、要するに「お金持ち企業」のことです。

お金持ち企業かどうかは、『四季報』の「利益剰余金と有利子負債」の金額を読み解くことで判断できます。

１３３ページ、日本電技の『四季報』データを再度、ご覧ください。

ページのちょうど真ん中あたり、ＲＯＥ、ＲＯＡと書かれた指標の上に、利益剰余金と有利子負債という項目があります。

日本電技（1723）：会社四季報

【建設】 ⬇前号比減額 😊会社比強気

1723 **日本電技**（にほんでんぎ）

【決算】3月 【設立】1959.9 【上場】2003.3

【特色】ビル空調計装工事の大手。工場搬送ライン用などの自動制御システムも展開。アズビルと提携 (8)
【単独事業】空調計装関連89(20)、産業計装関連11 〈17・3〉

【増額】空調は前期完工増で期初繰越残減だが新規受注積み上げる。再開発案件軸に増勢。複数大型案件剥落でも完工高原。産業計装も食品向け拡大。外注費増前提の会社営業益は慎重。最高純益。増配も。
【育成】来19年3月期受注目標300億円(今期計画288億円)。営業強化し産業計装拡大の方針。順次進めていた全国支店への産業計装の専門部署設置が4月完了。

年月【資本異動】		万株
01. 8	分1→10	496
02.12	分1→1.5	744
03. 3	公75万株(365円)	819

JQⓈ	高値	安値
03~15	1300(07)	315(03)
16	2034(12)	1079(2)
17.1~5	2840(2)	2021(1)

	高値	安値	出来万株
17. 3	2788	2473	59
4	2606	2141	44
#5	2518	2378	22

【会社業績修正】上方4 下方0
経常益÷期初会社予想 1.5倍
【格付】—

【業種】設備工事
時価総額順位 27／56社
【比較会社】1736 オーテック, 9960 東テク

【株式】⅘30 8,197千株
単位 100株
時価総額 197億円

【財務】<単17.3>	百万円
総資産	28,550
自己資本	18,655
自己資本比率	65.3%
資本金	470
利益剰余金	17,646
有利子負債	0

【指標等】	<単17.3>	
ROE	11.3%	予11.5%
ROA	7.1%	予 7.5%
調整1株益		—円
最高純益(17.3)		2,022
設備投資	235	予 ‥
減価償却	180	予 ‥
研究開発	126	予 ‥

【キャッシュフロー】	百万円
営業CF	1,646(2,793)
投資CF	▲784(▲350)
財務CF	▲533(▲528)
現金同等物	9,944(9,615)

【株主】単2,505名<17.3>	万株
自社従業員持株会	88(10.7)
永田健二	65(7.9)
みずほ銀行	34(4.2)
アズビル	32(4.0)
日本トラスティ信託口	31(3.8)
島田惟一	24(2.9)
島田良介	21(2.6)
島田外志子	19(2.3)
島田祥子	17(2.1)
島田淳子	17(2.1)

<外国>12.0% <浮動株>14.0%
<投信> 3.4% <特定株>45.1%

【役員】㈳島田良介 ㈿緒方賢一 ㈹大友春久 石黒巧 山本育之 梅村星児 ㈰宇崎利彦* 青木英憲* 鈴木啓之* (6. 29予)

【業績】(百万円)	売上高	営業利益	経常利益	純利益	1株益(円)	1株配(円)
単13. 3	21,786	1,389	1,452	766	93.5	28
単14. 3	24,517	2,337	2,399	1,367	166.8	50
単15. 3	23,477	2,061	2,170	1,367	166.8	50
単16. 3	25,799	2,736	2,785	1,805	221.4	66
単17. 3	27,652	2,906	2,957	2,022	250.0	75
単18. 3予	28,000	3,000	3,050	2,150	265.8	75~80
単19. 3予	29,000	3,100	3,200	2,200	272.0	75~85記
中16. 9	10,033	143	170	107	13.2	5
中17. 9予	10,500	150	180	110	13.6	10
会18. 3予	27,600	2,900	2,930	2,015	(17.5.12発表)	

【配当】	配当金(円)
15. 3	45
15. 9	5
16. 3	61
16. 9	5
17. 3	70
17. 9予	10
18. 3予	65~70
予想配当利回り	3.12%
1株純資産(円)<単17. 3>	2,306 (2,106)

【本社】130-8556東京都墨田区両国2-10-14 両国シティコア ☎03-5624-1100
【支店】東京, つくば, 千葉, 横浜, 静岡, 浜松, 名古屋, 大阪, 岡山, 広島【営業所】14
【工場】川口, 岡山【テクニカルセンター】東京
【従業員】<17.3> 755名(39.9歳)年775万円
【証券】上 JQⓈ 幹(主)野村(副)みずほ, 高木, 日興, 三菱Uモル, 大和 名みずほ信 監新日本
【銀行】みずほ, 三井住友, 三菱U, りそな
【仕入先】アズビル
【販売先】高砂熱学工業

（出典）『会社四季報2017年３集』東洋経済新報社刊

ちなみに日本電技の場合、利益剰余金が176億4600万円、有利子負債が0円となっています。

キャッシュリッチ企業とは、言い換えれば「儲けたお金をどこに使ったらいいかわからない会社」でもあるのです。

積み上がった利益剰余金を効率的に使えていない会社は、今度、株主還元策を強化する可能性があります。

☑ 配当政策の方針変更で連続増配　エフティグループ（2763）

エフティグループは、自社ブランド光インターネットサービス、ビジネスホン、LED照明等の定額保守サービス等、中長期的な収益貢献が期待できるストック型サービスの取り組みを強化してきました。

ストック型サービスとは、ストックビジネス、継続課金ビジネスともいわれるビジネスモデルです。インフラ提供、賃貸契約、スポーツクラブなど、顧客と一度契約を結ぶと、毎月、毎年といった長期で定期的な収入が発生するという特徴があります。

エフティグループ（2763）の業績推移

決算年月	1株利益	1株配当金
2013年3月	53.5円	10円
2014年3月	77.4円	16.7円
2015年3月	78.9円	23.3円
2016年3月	84.1円	24円
2017年3月	67.5円	34円
2018年3月（予想）	79.8円	40円

通常のビジネスでは一度の取引で発生する収入は一度だけですが、ストック型サービスは定期的な収入により安定した業績が予測できます。

同社はこれまでストック型サービスによる事業拡大、取り組みを強化した結果、2017年2月に、当期純利益に対する配当性向を50％にするという発表をしました。

配当性向とは、1株利益のうち、何割を配当金に回すかという目印を表した式です。

同社の決算推移は、135ページのとおり、2013年から2016年まで、1株利益は増えているものの、2017年度は減益となりました。

しかし、1株配当金は連続増配が続いています。また、2017年度からは配当性向を50％に引き上げる発表をしたため、2018年度の1株配当金予想は40円まで伸びています。

1株利益だけではなく、連続増配にも注目しましょう。

☑ 欧米の同業者と比べて配当性向、利回りの低い会社は連続増配が続く JT(2914)/NTT(9432)

ＪＴは、たばこ事業が中核です。ご存じのとおり、喫煙率の減少が続いている昨今、苦しい事業の一つといえるでしょう。

「全国たばこ喫煙者率調査」によると、２０１６年度の成人男性喫煙率は29・７％でした。これは、50年前の昭和41年の83・７％と比較すると、大幅に減少したことがわかります。

そのため、「ＪＴの売上高や利益は急落し続けるのではないか」という印象を持たれると思います。

しかし実際は、１２０以上の国と地域で販売しており、世界第3位のたばこ販売数量となっています。

ロシア、イギリス、トルコ、台湾などで高いシェアを誇っており、海外事業ではますます存在感を増しているのです。

たばこ自体の単価の上昇や加熱式たばこなどの展開により、１株利益は２００円前後と安定的です。

さらに驚くのが、配当金の推移です。

２０１３年度の１株配当金は68円でしたが、２０１６年度は１３０円と、約２倍になっています。２０１７年度の１株配当も１４０円と連続増配予想です。

配当性向の明確な方針はないのですが、過去の配当金推移を見ていくと、今後も10円単位の増配が続くと思われます。

なぜ同社が、増配を続けられるのか。たばこという「独占事業」を行える強みや、過去に積み上げてきた利益剰余金にその理由があります。

現在、約２兆３０００億円ある利益剰余金と、毎年安定的に生み出す純利益（約４０００億円）があるため、連続増配は当分続きそうなのです。

欧米のたばこ会社と比較した場合、ＪＴは配当利回り、配当性向ともに、まだまだ低いといえます。

そのため、今後、時間をかけながらも、欧米並みに近づいていくと思われます。

企業概要

JT（2914）

たばこ事業独占会社。売上高に対する純利益率は20%と信じられないほどの高収益率。食品、医薬品も展開している。

NTT（9432）

ストックビジネスのなかでも、電話の解約率はとくに低い。子会社のNTTドコモ（9437）も配当利回りが高い。

また、通信分野で連続増配が続きそうな企業にＮＴＴ（日本電信電話：９４３２）があります。

固定電話網で独占し、携帯電話・光回線で高いシェアを誇る同社ですが、連続増配を続けながらも、ＪＴと同じく、配当性向が低いといえます。

２０１７年度の１株配当は１２０円でしたが、２０１８年度の１株配当予想は、一気に30円アップの１５０円となりました。

鵜浦博夫社長も日本経済新聞の取材に対し、「今後も可能な限り増配を続けていく」と述べています。

２０１６年度の１株利益は約３９０円なのに対し、配当金は１２０円と、まだまだ配当金に還元できる余力が大きく残されています。

こちらも、米国最大手の電話会社ＡＴ＆Ｔと配当利回りを比較した場合、ＮＴＴはＡＴ＆Ｔの半分程度しかありません。

連続増配を続けてはいますが、ＪＴと同じく、増配余地はまだ大きいでしょう。

高配当株発掘戦略③

買いの「タイミング」を見誤らない

積極的投資を加えるなら考えてもよい

ここまで、高配当株発掘戦略として、「1株利益」と「連続増配」に注目するというお話をしてきました。

この2つの戦略だけで、あなたが保有した株の中からも、増配を発表する会社が続出するはずです。

また、「会社の成長」と「増配」という、2つの好材料発表によって、株価の上昇トレンドも続くことでしょう。10万円で購入した株が20万円になり、10万円の売却益を得ることも可能になります。

ただし、この本で推薦している高配当株投資の場合、配当金や株主優待を目的とした投資のため、売却益はさほど重視しません。比較的安定的に推移している株価を見守りながら、定期的に配当金収入を得るという投資スタイルです。

最終的に売却することにはなりますが、1年以下という短い保有期間ではなく、5年、10年という超長期投資が基本です。

「1株利益」「連続増配」の成長率が非常に高い会社であれば、短期間で株価が数倍になることもありますが、それは成長株に該当します。成長株は割安度が低く、配当利回りも非常に低いという特徴もあるため、配当金狙いの投資家は、投資対象外となります。

とはいえ、株価上昇による売却益を狙うのも、株式投資の醍醐味の一つです。

ここでは高配当株発掘戦略③として、「タイミング」に注目し、高配当株を最終的な目的としながらも、売却益を意識した有望株選びのポイントを解説していきます。

株価が10倍、100倍になる株には共通項がある

株式投資の世界には「テンバガー」という言葉があります。「株価が10倍になった株式」

のことです。

自分の保有株の株価が10倍になるなんて経験は、人生に何度も味わえるものではありませんが、一度でもつかむことができたら、リターンは大きく向上します。

『日経マネー（2017年6月号）』（日経BP社）の特集記事「見つけた！大化け株の法則」では、過去の10倍株を抽出し、大化け株の法則をまとめています。それによると、次の傾向が強かったようです。

1　業種はサービス業が多く、なかでもIT、ネット系、人材関連
2　最安値の時価総額は100億円以下が全体の8割
3　上場市場はJASDAQが約35%と、最も多い

この条件に合う銘柄を中心に探せば、10倍株、なかには145ページに挙げたような100倍を超える株に出会えます。

たとえ10倍に届かなかったとしても、株価が数倍になる株を発掘できる可能性が高まります。

買いタイミング① 時価総額 トヨタ自動車(7203)&フジマック(5965)

先ほど、大化け株の共通項を3つ取り上げました。この条件に加えて、自分の経験や、億越え投資家の投資ノウハウを分析していくと、時価総額(会社の規模を測る数字。「発行済み株式数×株価」で計算できる)の小さい会社を狙っているケースが多いのです。

時価総額が小さい会社の場合、わずかな資金流入で株価が大きく上がるからです。

トヨタ自動車は現在、時価総額が約23兆円あります。100億円分株を購入しても、株価の変動幅はわずかですが、時価総額100億円の会社であれば、株価は2倍になります。

また、時価総額が小さい会社は、企業成長とともに大型株へと変化していきます。

成長力が高いことに加えて、マーケット(市場)の拡大余地が大きく残されているのです。トヨタ自動車の販売台数は2015年が1015万台でした。これを3000万台に増やせば、単純計算で株価は3倍になります。

しかし、これが実現する可能性や、3000万台を維持し続ける可能性は低いわけです。

その一方で、これからマーケットがつくられていく新しい産業の場合、市場が5倍、10

100倍株の「大化け株の法則」

銘柄名（証券コード）	最大倍率	達成年数
ガンホー・オンライン・エンターテイメント（3765）	216倍	5年
朝日インテック（7747）	149倍	8年
FRONTEO（2158）	141倍	4年
MonotaRO（3064）	135倍	8年
ジェイエイシーリクルートメント（2124）	112倍	6年

（2010年以降の100倍株『日経マネー』日経BP社刊参照）

倍に膨らんでいくことは十分に考えられます。このような会社の場合、株価も比例して伸びるという見通しが立ちます。

また、フジマックという総合厨房設備機器メーカーで、外食チェーン店やホテル等に納入している会社も同様です。

近年、訪日客の増加でホテルの建設ラッシュが続いており、同社に追い風となっていいます。大型設備に強みがあり、導入する施設が増えれば増えるほど業績に直結します。

転機となったのは、東京オリンピックの決定です。2013年から2015年までは減益となっていましたが、2016年から2017年にかけてホテル建設の活性化に伴い、業績は急上昇していきました。147ページのとおり、2017年度の1株利益は前年比2・2倍の229円という実績に。株価も、絶好調な業績に合わせて急騰しています。

2018年度も増益予想となりましたが、前年比3・1％増と、かなり控えめだと感じています。

東京オリンピックは2020年開催です。少なくとも2019年までは追い風が続くた

フジマック（5965）の1株利益と配当金

決算年月	1株利益	1株配当金
2015年3月	76.7円	20円
2016年3月	103.5円	20円
2017年3月	229.3円	25円
2018年3月予想	236.5円	25円

2年チャート

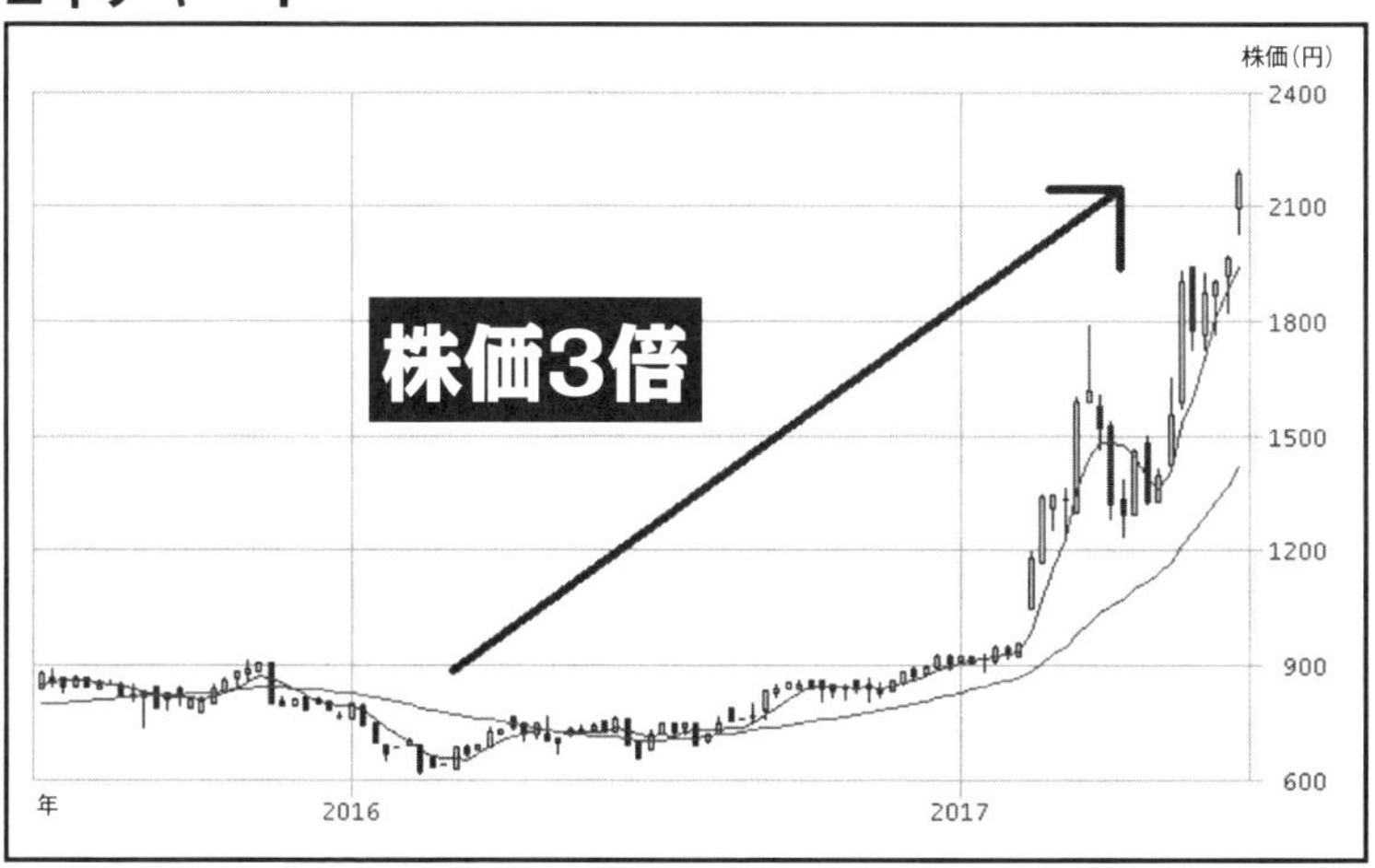

（出典）カブドットコム証券

め、株価上昇は継続していくと見ています。

ちなみに、業績が急騰する前、2016年の株価に着目してみましょう。600～800円台で推移しており、配当利回りも2・5～3・3％でした。時価総額も2016年6月時点で45・5億円しかなく、100億円以下でした。

買いタイミング② 知名度向上 MCJ(6670)

MCJはクリエイター向け高品質パソコンや関連製品を製造販売している会社です。国内のパソコン出荷台数はおおむね横ばいが続いていますが、MCJはオンラインゲーム専用パソコンなど、オリジナル製品を手掛け差別化戦略をしてきました。

2013年から4期連続で増益を達成していましたが、株価は300円台前後で大きな動きはありませんでした。

転機となったのが、2016年から始めた全国テレビCMでの広告宣伝です。

149ページは、MCJが作成したパソコン出荷台数増減率の推移と株価チャートです。テレビCM開始をきっかけにパソコン出荷台数がうなぎ登りで上昇し、2017年3Q

MCJ(6670)のパソコン出荷台数増減率と株価チャート

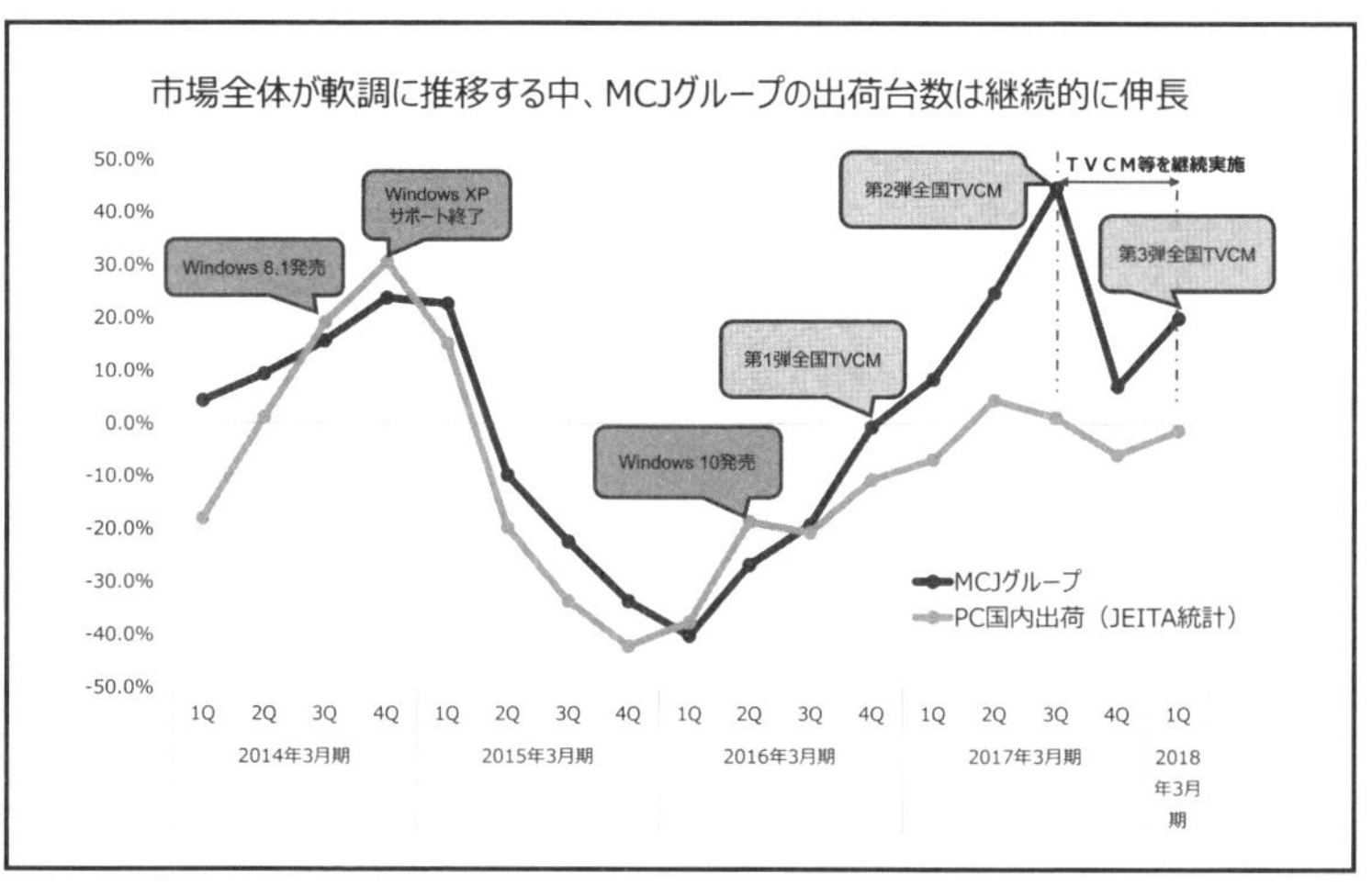

※四半期（会計期間）ごとの出荷実績を前年同期と比較したものとのこと。

（出典）株式会社ＭＣＪ　個人投資家様向け説明会資料（2017年2月25日）

2年チャート

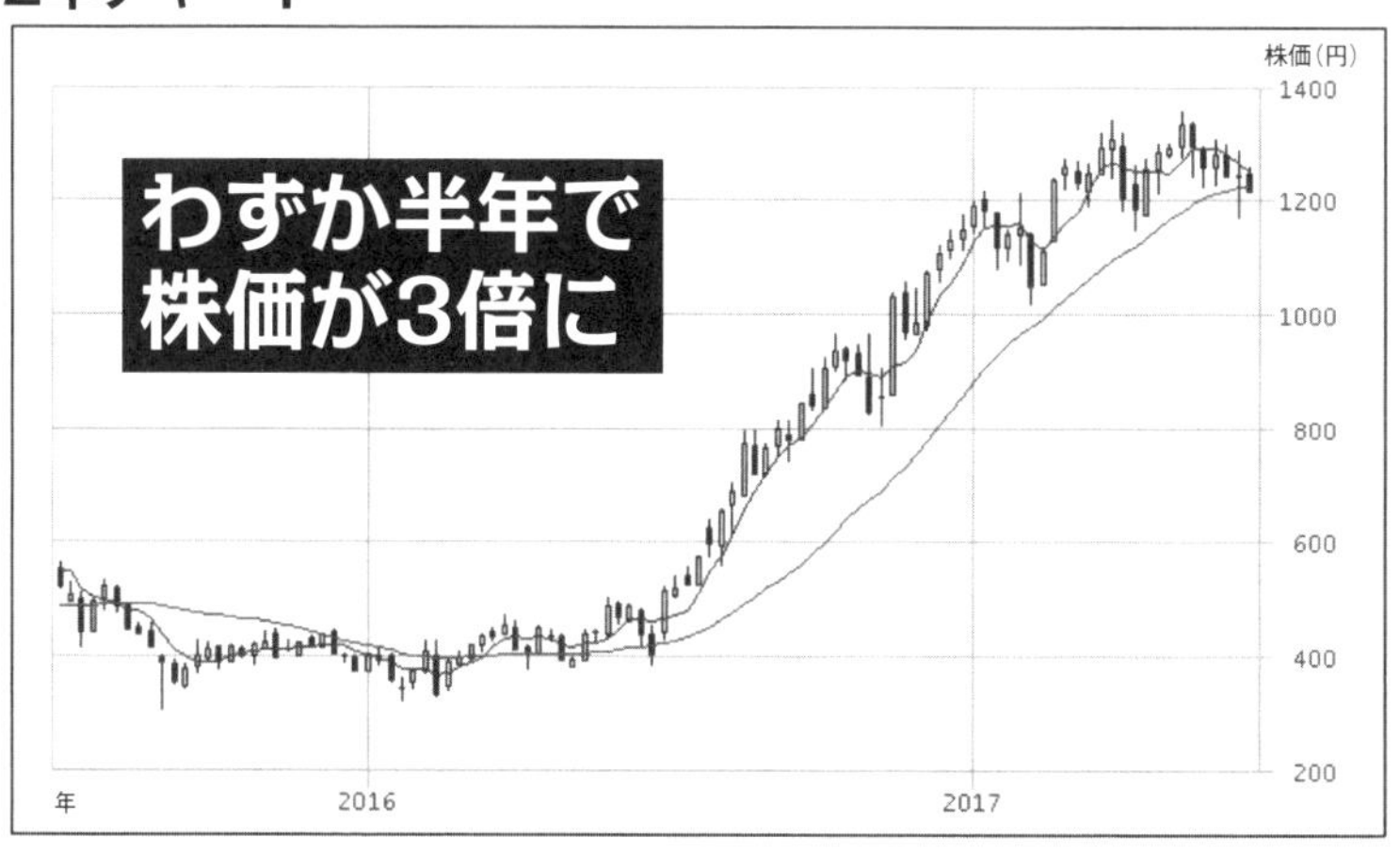

（出典）カブドットコム証券

時点では、前年比50％増まで拡大していることがわかります。

株価もパソコン販売が業績に反映されたあたりから急上昇を辿ります。２０１６年前半は４００円前後だった株価が、２０１７年には１２００円台へ。約半年で株価が3倍となったのです。

ちなみに、テレビＣＭが開始された時点での配当利回りは3％台。十分に狙いを定めていい数字です。

それまでは一部の専門家向けパソコンだったＭＣＪが、テレビＣＭを使い、一気に業績が伸びたのです。認知されていなかった一般人にもＰＲしたことで、１株利益は約63％増、配当金は2倍の26円となりました（１５１ページ参照）。

テレビＣＭで宣伝される製品やお店の名前が、企業名と一致しないケースもありますが、それを自分で調べることで、人よりも早く急騰株を先回り買いできます。

買いタイミング③　経営回復株　任天堂（７９７４）

経営回復株とは、現時点では赤字でも来期以降黒字に転換しそうな会社の株、もしくは

MCJ(6670) の業績推移

決算年月	1株利益	1株配当金
2016年3月	63.5円	13円
2017年3月	103.4円	26円

低迷していた業績が戻ってきそうな会社の株のことをいいます。このような会社は、前期決算時との変動幅が大きいため、投資家の注目が一気に集まりますし、黒字額が大きければ大きいほど株価も一気に上がります。株価が数倍まで上がることもめずらしくありません。

しかし、業績の低迷が長期化し、シナリオどおりに復活しなかったり、最終的に倒産したりする会社もあります。

そのため、会社が存続できるのか、安全性も注視する必要があります。

銘柄選びのツールとしては、定番の『四季報』を使いますが、成長株や高配当株と比べて、利益剰余金と有利子負債の額に注目してください。

有利子負債が多すぎる会社は投資対象から外します。これにより、倒産リスクや保有を続けることのストレスを減らすことができます。

その次に注目するのが、過去の業績です。

『四季報』では過去3期、もしくは5期分の業績が掲載されています。純利益の推移をしっかりチェックし、年度が進むごとに赤字が縮小している会社があれば、投資対象としてはベストです。

とはいえ、順調に赤字が縮小し、黒字化したり、さらに黒字を拡大したりという理想的な姿は少ないため、本業の回復に向けて努力しながら、ムダな投資や資産を減らしている姿勢が見える会社に注目してください。

もちろん、赤字が拡大しているときが株価も底値に近いので、回復したときのリターンも大きくなります。

安い株価だとより多くの株を購入できるため大儲けを狙えますが、倒産する可能性も少なからずあります。**黒字転換を確認してからの投資でも遅くはないでしょう。**

経営回復株で成功した事例の一つに任天堂があります。

任天堂といえば、誰もがファミコンをイメージすることでしょう。子どもに大人気のキャラクターやソフトを数多く抱えるゲームメーカーの最大手ですが、意外にも業績の変動は激しいものがあります。

私が同社の株を購入したのは、２０１２年12月です。

同社の第3四半期決算で、営業利益が4期ぶりに黒字となることが発表されました。さらに同日、通期純利益が上方修正されました。

赤字から黒字に転換し、それに伴い株価が上昇傾向になると予測していたのですが、翌日の株価はなぜか大きく下落。そのため私は、市場の逆をいく、このタイミングでの購入を決断しました。

購入時の株価は8830円です。この書籍を執筆している2017年6月末時点での株価は約3万7680円です。4倍以上になっています。

正直に言えば、1単元の購入で100万円近くになるため、悩む部分もありました。しかし、同社の回復と自分の選択眼を信じて購入に踏み切ったのです。

2012年12月に100株を購入し、2015年2月に再び100株を買い増ししました。合計200株の保有です。

買い増しのタイミングが2年以上離れた理由は、2012年から2014年まで3期連続で営業赤字を続けたためです（純利益については、為替差益の影響で黒字転換した年もあります）。我慢の期間が長く続きました。

任天堂(7974)の2012年以降の純利益推移と株価チャート

△はマイナス

決算年月	純利益額（単位は百万円）
2012年3月期	△43,204
2013年3月期	7,099
2014年3月期	△23,222
2015年3月期	41,843
2016年3月期	16,505
2017年3月期	102,574

3年チャート

（出典）カブドットコム証券

最初に購入した時点での、自分が描いた業績回復シナリオは、「円安の進行」。財務基盤も素晴らしいのに、PBR（株価が1株当たりの純資産の何倍で買われているかを表わしたもので、1倍以下なら割安と判断できる）が約1倍と非常に割安なうえに、マリオやポケモンなど、すごい資産をたくさん持っていることから、これ以上株価は下がらないと判断しての購入でした。

2012年からの純利益推移は155ページのとおりです。

純利益の推移をご覧いただくとわかるとおり、2012年から2014年までは赤字が2回あり、2013年度は70億9900万円と、黒字ではあったものの利益は小さいといえます。

2015年からはようやく黒字化。さらに黒字拡大という形になりました。

そのなかでも、2016年の純利益は165億円と、前年比で大幅ダウン。株価も一時的に1万3000円台まで下がりました。

経営回復株は、なかなか難しい種類の投資先ではあります。しかしそのぶん、復活するまで待てた時の恩恵は計り知れないのです。

２０１５年３月、任天堂がようやく重い腰を上げ、スマートフォンゲーム事業に参入することがリリースされました。これが復活のターニングポイントでした。

その後は、ポケモンＧＯの大ヒットもあり、株価は３万円まで上昇。

また２０１７年３月には新型ゲーム機・ニンテンドースイッチを販売開始。売れ行きが好調というニュースが流れるたび、株価が反応しています。

私の場合、２０１２年の購入からすでに５年近く経っています。

２０１２年から２０１４年までは株価がほとんど動かず、長期的な我慢を強いられましたが、２０１５年以降、株価が大きく動くようになりました。

冒頭にも書きましたが、経営回復株の場合、赤字の最中に投資をするのではなく、黒字に転換してからの投資開始でも、十分な利益率となるはずです。

タイミングが合えばドカンと上がるタイプですが、必ずしも好転するわけではありません。そのことを事前に理解して保有期間に上限を設けたり、少額投資から始めたりすることをおすすめいたします。

私の経験談が、今後の運用方針の参考になりましたら幸いです。

第3章　まとめ

- 日本企業の成熟化により、今後ますます株主還元策が強化されていく。今は個人投資家が主役の時代である。
- 高配当株は、高い配当利回りが株価下落をストップさせる効果を持つ。
- 「株主優待の拡充」「決算月変更」「J-REITとの組み合わせ」という3つのトレンドを意識して投資先を絞っていくこと。
- J-REITは不動産投資に非常に似た性質であることに加えて、金融商品特有のメリットも多い。不動産投資ではなく、J-REITをすすめたい。
- 「高配当株＋J-REIT」という投資の組み合わせがベストな選択。
- 分析に時間がかかる『四季報』も、1株利益の推移に絞って見ることで簡単に有望株かどうかがわかる。コツコツ経営の会社をチェックしよう。
- キャッシュリッチ企業は株主還元を強化する可能性が高い。
- 連続増配企業は、収益力に自信がある証拠。1株利益と比較して、増配する可能性がある会社は、保有株候補となる。
- 時価総額の小さい会社は成長の初期段階。将来に期待の持てる会社に投資することで、短期的に大幅なリターンを獲得できる。
- CMやテレビ番組で、新たに取り上げられた会社をチェックする。
- 経営回復株はタイミング投資の中でもとくに難しい。黒字転換を確認してから投資する。

第4章

60歳以降の投資で
やってはいけないこと

～買ってはいけない投資信託＆株～

1 退職金を投資信託につぎ込む

金融庁長官もチクリと苦言を呈す

金融庁は、投資や金融が安定的かつ円滑に機能するために、金融機関や投資顧問業者などに対して規制や監督、金融検査などを行います。また、インサイダー取引や相場操縦などの不公正な取引等、不適切な行為を監視する立場を担っています。

金融庁は「市場の番人」という役割とともに、投資業界の現状に対して、意見することもしばしばです。

発言内容は金融庁のホームページから閲覧できます。金融機関向けの発言が中心ではあますが、個人投資家にとって有益な話も含まれています。金融庁の発言は、金融業界の裏側や実態がよくわかる貴重な資料なのです。

これは言い換えれば、「金融機関が個人投資家に知られたくない情報」ともいえます。

なぜこのようなことをお話しするのかというと、2017年4月、森信親（のぶちか）金融庁長官が「日本の資産運用業界への期待」として、実に興味深い基調講演を行ったからです。

講演内容に触れる前に、2018年度からスタートする積立型NISAについてお話しさせてください。そのほうが、講演の内容がよりわかります。

日本の投資意識が高まらない本当の理由

NISAとは、株や投資信託などの運用益や配当金を一定額非課税にできる制度です。年間の投資枠には上限がありますが、非課税枠が設定され、上限を超えない新規投資であれば、配当金や売却益にかかる税金がゼロになります。

そのため、高配当株狙いの投資家はNISA口座も開設することをオススメします（詳細は証券会社等にご確認ください）。

２０１８年度からスタートする積立型ＮＩＳＡは、通常のＮＩＳＡと違って非課税枠の上限が年40万円となる一方、非課税期間が20年となる新たな投資策です。
すでにＮＩＳＡ口座を持っている人は、新たに積立型ＮＩＳＡをつくることができませんが、年間投資枠が従来の１２０万円から低くなる代わりに、非課税期間が4倍になりました。また、総投資額が８００万円となり、従来の６００万円よりも多くなる、などの特徴があります。

森長官は、２０１７年4月の基調講演で、積立型ＮＩＳＡを新しくつくった理由を述べた後、積立型ＮＩＳＡの対象として残った公募株式投信は、５４０６本中50本弱だったと指摘したのです（対象とは、一定基準を満たす投資信託のことだと思われます）。

その原因には、

1　顧客本位と言えない商品が売られていること

2　米国と比べ、高すぎる手数料

などがあげられます（日本の投資信託の問題点については、拙著『10万円から始める「高配当株」投資術』（あさ出版）にまとめているので、詳しく知りたい方は参照ください）。

また森長官は、日米の家計金融資産に対するリスク商品の保有割合や資産増加率の違いを指摘しました。

「投資商品を買っても思うようなリターンをあげられなかった顧客は、投資額を増やすものでしょうか。そうした商品をすすめた金融機関との取引をずっと続けるでしょうか」

との発言に金融関係者は胃がズキズキしたことでしょう。


私自身も体験していますが、投資信託は、購入前のイメージと実際の運用結果に大きな差が出ます。

毎月分配型投資信託の分配金実績については、はじめにでも述べたとおり投資信託の現実は非常に厳しいといわざるを得ません。

「大事な退職金を、投資信託だけで運用しないよう」、強くお伝えします。

2 手を出してはいけない投資信託

ファンドラップに要注意

金融庁が毎月分配型投資信託の構造を批判していることもあり、金融機関は次なる投資信託の販売に力を入れています。

その代表的なものが、ラップ口座、ファンドラップと呼ばれる投資信託です。

ラップ口座とはもともと、富裕層や会社経営者などの仕事で忙しい人に向けて、証券会社やプライベートバンクなどが代理で運用するための口座でした。最低預入資産が数千万円から1億円以上と非常に高額なのが特徴です。

一方のファンドラップは、ラップ口座のようなサービスを資産300万円程度から利用できるようにしたものです。ファンドラップは「ラップ口座の一形態」でしたが、現在ではラップ口座もファンドラップも、ほぼ同じ意味で使われています。

ラップ口座やファンドラップ（以下、一括して「ファンドラップ」と呼びます）をわかりやすく形容した言葉が「投資一任契約」です。言葉どおり、証券会社に投資や運用を一任、つまり「お任せ」するのがファンドラップの基本的スタンスです。

運用業者は、出資者の運用方針やリスク許容度、投資期間などのヒアリングをした後、出資者と投資一任契約を締結し、投資信託等のポートフォリオを運用業者が構築、運用するのが特徴です。

もちろん、投資先のリバランスも適時行ってくれますし、自分で投資先を選ぶ手間が省けるという点はメリットではあります。

１６７ページのとおり、ラップ口座（ファンドラップ）は２０１４年以降、契約件数・金額ともに伸び続け、２０１６年末時点で契約金額が６兆４１４８億円と増加傾向となっています。

しかしもちろん、メリットばかりではありません。

手数料が高額なのが大きなデメリットです。

ファンドラップは、証券会社があなたの代わりに投資信託を選び、買う方式のため、結局その手間分、手数料が上乗せされているのです。

金融の専門家にお任せする以上、それに見合う対価や報酬を払う必要があるのは当然のこととはいえ、手数料は運用資産の2～3％が毎年とられます。たかだか数％ですが、仮に1000万円をファンドラップに預け入れた場合、毎年20～30万円支払うことになるので侮れません。

投資は1年で結果が出るものではありませんから、5～10年預けることになるでしょう。すると、最低期間の5年でも100～150万円、10年間ならば200～300万円が手数料の支払いだけで消えていくのです。これは相当な金額です。

10年間一任して莫大なリターンとなればよいのですが、マイナスとなった場合は目も当てられません。

一方、株式投資の売買手数料は、「売り」「買い」それぞれ0・1％程度です。手数料に

ラップ口座の件数・金額の推移

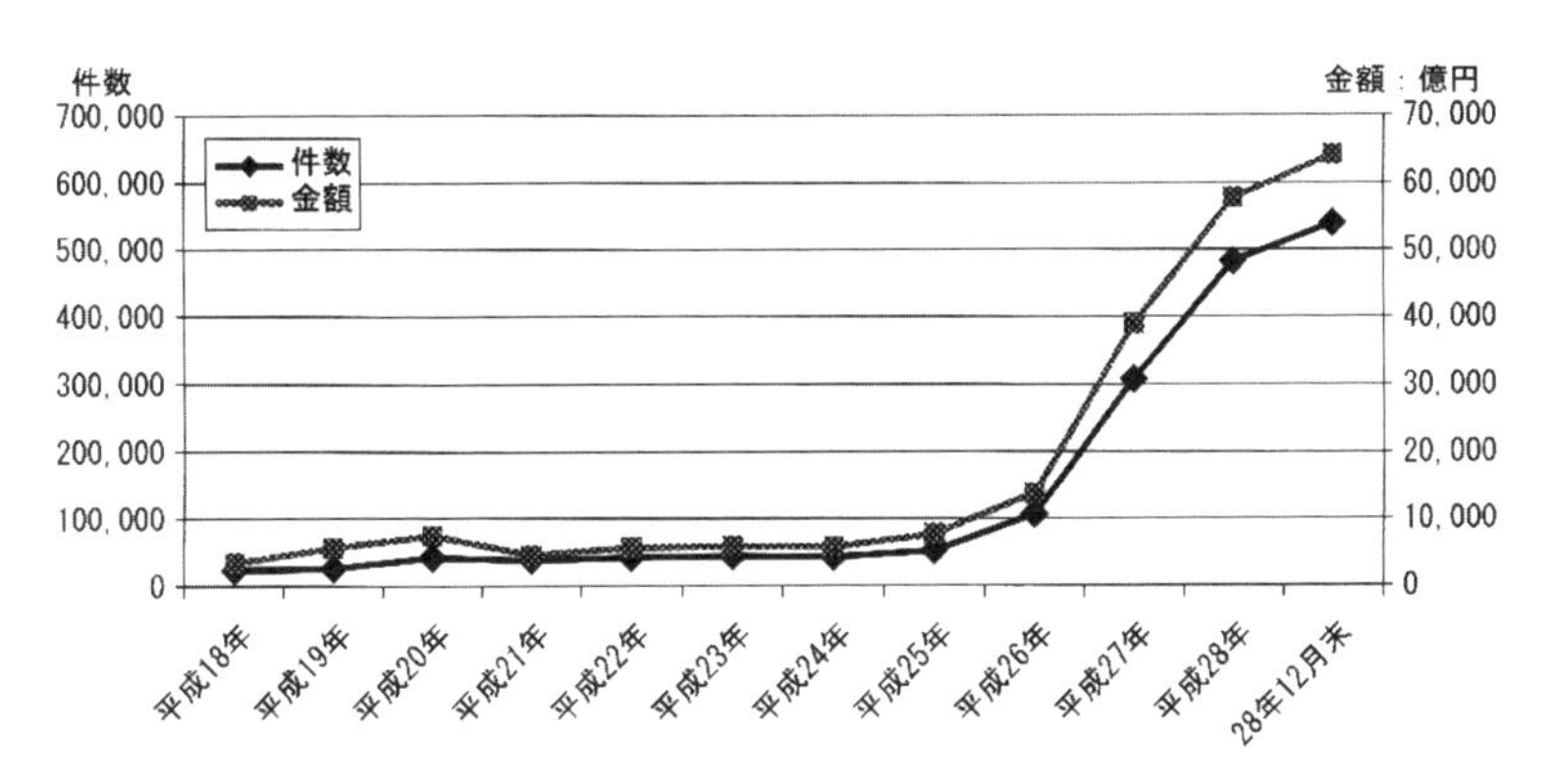

（出典）日本投資顧問業協会ホームページ

グラフから平成26（2014）年あたりから、口座数が大きく伸びていることがわかる。

1この期間はグローバル・ソブリンオープンの分配金が大幅に下がったタイミングと重なる（詳しくは13～14ページ参照）。アベノミクスによる株高の影響もあるが、証券会社がグロソブからファンドラップへの買い替えを進めたとも考えられる。

20～30倍の違いがあることがおわかりいただけるでしょう。

ファンドラップは単純に「手間が省ける」というメリットばかりではなく、金融機関との接点が増えたり、資産運用事業者としてのサービスや信頼度が向上したり、売買ごとの手数料ではなく、資産残高に対して一定料率の手数料が課される体系となるなど、今までの金融商品にはなかったメリットもあります。

しかし一方で、ファンドラップが選ぶ投資信託は、自社の系列会社の商品が5割を占めているという実態もあります。

投資信託の選定プロセスは本当に顧客本位での運営となっているのか、疑問が残ります。慎重になりたいものです。

3 買ってはいけない4つの株

☑ 4つの株に注意するだけでリスク回避になる

私はこの本で一貫して「株式投資」、それも「高配当株」への投資をオススメしてきました。

しかし、なかには決して買ってはいけない株もあります。

この項目で挙げる4つの株は、決して買わないように注意してください。

買ってはいけない株① 材料株

材料株とは、何かの材料をきっかけに株価が変動する株式のことです。

「材料」はテレビや新聞などのメディアやインターネット情報からも収集できるため、比較的簡単だと思われるかもしれません。そこが落とし穴です。

材料とは一般的に次の2つです。

1　よい材料（売上や利益の増加に関するもの）

2　悪い材料（売上や利益の減少に関するものや、スキャンダルや粉飾決算などの社会的な問題など）

もちろん、よい材料は株価が上昇する原因になりますし、悪い材料は株価が下落する要因になります。

さて、「一般的に」という言葉を使ったのは理由があります。

ときに、第3の材料が顔を出します。

3　エンターテインメント（見世物）としての材料

です。

材料が発表された瞬間はとても注目され、株価も大きく上がるのですが、1か月後に振り返ってみると「あれは何だったのか」というほどに株価が下落するのが、エンターテインメントによる材料株に該当します。

一時的に話題は集まっても、業績にまったく関与しない内容のため、時間の経過とともに企業価値が逆戻りしてしまうのです。

材料が発表された当日は、あなた以外の多くの投資家も、同じ情報を入手しています。そのため、買い注文を入れる人が一気に増えます。しかし、すでにその株を保有している投資家からすれば、「よい材料」が出たと思い、株価は高騰すると判断します。すぐには売却しません。

すると、買いの需要が大きく膨らむ反面、売りたい人は極端に減ります。最終的に大きく上昇した株価で売買が成立しますが、そのタイミングが需要のピークになります。

その後はズルズルと下がり続けるか、もしくは急降下して、材料が発表される前の株価まで元どおりになることもあります。「よい材料」だと思っていたものが、結果的には「エンターテインメントとしての材料」だったと気づく瞬間です。

材料株は、堅実な運用を基本方針としている投資家や初心者が手を出す株ではありません。

日々のニュースや出来事は、株価に一時的な影響を与えますが、本当の好材料でない限り、効果は数日間と限定的です。

そのため、一見、よい材料だと判断した場合でも、「対象の株は買いだ」と瞬時に結論を出さないでください。

買ってはいけない株②　景気循環株

景気循環株とは、景気や市況などに業績や株価が大きく左右されてしまう株のことです。具体的な業種は、紙・パルプ、化学、鉄鋼等の素材産業、自動車、機械、電気機器、建設業などです。

景気循環株は日経平均株価に採用され、ブランド力の高い会社も多くあります。そのため、株の初心者にとっては知名度が高く、「業績や株価が安定している」と錯覚しがちです。

しかし、現状は大きく異なります。

10年スパンでの株価チャートを見てみると、日本を代表するような大企業でも、株価が大きく動いているのがわかります。

ある年の純利益は数千億円でも、1年後の純利益は数千億円の赤字になる。かなりダイナミックな値動きです。そして、株価が大きく下げているときは、決まって不景気時になります。

景気の底でつかむことができれば、株価は数年で何倍にもなりますが、怖いのはその逆。**好景気の天井付近で買ってしまった場合、株価は数分の一にもなってしまうのです。**

「安定している」という漠然としたイメージとは裏腹に、大損という現実が受け入れられず、気がついたら長期塩漬けになっていたというパターンが多いのも、景気循環株の特徴です。

景気循環株は、景気の変動をとらえ、タイミングを見計らって投資をするのがコツですが、投資の猛者たちによる先取りゲームなので、堅実な運用を基本方針としている投資家や初心者が儲けるのは難しいのです。買いタイミングが早すぎても、遅すぎても損をしてしまいます。

それでも、このタイプの銘柄をうっかり売買し続けてしまうのは、安心、信頼感が深層心理にあるからです。

初心者、経験が浅い人ほど景気循環株を購入しますが、知識もなく、相場の大小のリズムを知らずに投資するのは非常にリスクが高いといえます。

買ってはいけない株③　高すぎるＰＥＲの会社

ＰＥＲとは、株価収益率とも言い、１株あたりの利益（純利益）に対して、その何倍まで株が買われているかを表したものです。

株価が１０００円で１株利益が１００円であれば、ＰＥＲは10倍となります。

１０００（株価）÷１００（１株あたりの利益）＝10（倍）

先ほどの式を、株価を求める形で表すと次のとおりです。

1000（株価）＝100（1株あたりの利益）×10（PER）

つまり、株価が上がる要素として「1株利益を上げる」「PERを上げる」という2つの選択肢があるというわけです。

本業の利益である1株あたりの利益が伸びている会社は、買っていい、むしろオススメの会社です。

しかし、1株あたりの利益が少ないのに、PERが異常に高くなっている企業は買ってはいけません。

PERは銘柄ごとにすべて違うため、一概に何倍以下であれば買い、もしくは売りだと判断できるものではありませんが、平均PER（上場企業の平均PERは15倍前後）とかけ離れている数値の会社は、業績のちょっとした悪化により、地の底まで株価が下がることも起こりえます。

大きな損失となりうるため、PERが高すぎる会社（PER40倍以上の会社）は保有対象から外しておきましょう。

また、株価が上昇する要素の一つに「投資家の期待」もあげられます。利益は少ないのに、将来の成長などの期待が株価を押し上げている会社は注意してください。

買ってはいけない株④　本業がいくつもある会社

本業がいくつもある会社、いわゆる多角化経営の会社は不祥事が起きやすい傾向があるため、オススメできません。

2017年6月、富士フィルムHD（4901）の傘下、富士ゼロックスオーストラリアの不適切会計がニュージーランドで発覚し、富士ゼロックス会長が解任されました。会社の仕組みが、役員だけではなく、社員の報酬も売上高に連動していたこと、そもそも隠蔽(いんぺい)体質であったことが、このような不祥事の背景にあるようです。

実は、子会社の不適切会計は、そうめずらしいことではありません。

2016年にも、船井電機（6839）の米子会社で税金未払いがありましたし、リコー（7752）のインド子会社でも利益水増しが発覚しています。

こうした企業の悪いニュースは、当然、株価の下落材料となります。さらに、会社の信用も失墜し、長期間地に沈みます。場合によっては、上場廃止になることもありえます。

事業は本来、本業一本で行うものです。

もちろん、会社は常に成長することが理想ではありますが、だからといって、まったく別の事業をどんどん広げればいいわけではありません。やみくもな前進は、必ずどこかで躓きます。この躓いたときに、「業績の悪化を隠せ」という力が働きやすい状況にあるのが、多角化経営会社なのです。

多角化経営会社の場合、残念ながら、すべての事業が好調というケースはほとんどありません。

60歳からの株式投資は、リスクを排除することが、何より大切です。

仮に、成長の可能性が見えたとしてもリスクが高く、いくつもの不安要素を抱える会社の株は、ムリに保有する必要はないのです。

4 買ってはいけない投資信託や株をすでに保有している場合は

「損切」を恐れてはいけない

もしもあなたが、前項までに取り上げた「投資信託」や「株式」を保有していたり、すでに含み損を抱えていたりする場合の対処法をお伝えします。

一部分だけでもいいので、損切をしましょう。

保有を続ければ一気に回復する可能性もありますが、成果が出ていないからこそ「損失」という成績なのです。損切するのは気分的に暗くなりますが、含み損があるからこそ、自分の投資運用法を見つめ直す機会でもあります。

私も、株を始めてから数年間、含み損という状況が続いていました。

株式投資を始めたのは2000年。その翌年、米国で同時多発テロが起こってしまいました。テロ以降、2003年までは株価が低迷を続けていました。

2006年にはライブドアショックに見舞われ、わずか2日間で100万円以上の損失を出したこともありました。

今から振り返ると、この厳しい時代に投資を学んだおかげで、今の自分があると思っています。本当に失敗だらけの日々でした。

最近株を始めた人も、今日の成果だけで「自分は株の才能がない」と決めつけず、そんな時期もあるのだと気軽に投資と付き合っていきましょう。

私が思うように成果を出せなかったときに学んだ教訓で、最もよかったことの一つが「損切の大切さ」です。

投資が行き詰まっている当時、複数の銘柄を保有していました。

自分が保有している株の下落率を調べていくと、株価が一気に下がる株と、そうではない株がありました。

さらに、相場全体の市況が下落ムードのタイミングでも、なぜか逆行高になる株もあったのです。

個別株単位で眺めていくと、株価が一気に下がる株というのは、景気循環株や材料株、業績が悪い株でした。そのような株は損切し、投資資金枠を確保したうえで、次の有望株を買うという選択をしました。

「最初の損は最良の損」という投資の格言があります。

含み損と損切は、自分を成長させ、新たな有望株に出会うチャンスでもあります。

含み損や塩漬け株など、投資に関する悩みを解決するには、損切という決断が「負け」「失敗」であるというイメージを捨てることです。

どんなプロでも、投資で勝ち続けるのは不可能です。現在の私も、保有開始後も成果が上がらず、株価もほとんど変化せず、下落に転じたままという株もあります。もちろん、損切もしています。

損失額は数十万円単位になりますが、「損切をしたら負けだ」「失敗だ」と考えることはありません。

それより、損切となった原因を追究して、次の売買で同じことを繰り返さないように心がけています。

損切から一つの教訓が得られます。

「損切は失敗ではない」と意識転換していきましょう。

第4章　まとめ

- 大事な資産を、投資信託だけで運用しない。
- ファンドラップの手数料は高額。また、投資信託の選定にも疑問が残る。
- 材料株の寿命は非常に短い。長期投資に向かない。
- 景気循環株はイメージと現実の株価に大きなギャップがある。ハイリスクなので注意する。
- 損切は失敗ではない。次の有望株をつかむチャンスだと意識を切り替えよう。
- 高ＰＥＲ株は期待が失望に変わると、株価が暴落する。
- 多角化経営の会社はハイレベルな投資先。配当狙いの場合、保有する必要はない。

第5章

10年で資産を2倍にするためにすべきこと

~まずは10万円からスタートでいい~

1 間違えなければ着実に資産は増える

資産倍増も夢ではない

高配当株の強みは、リスク資産でありながらも、「比較的株価下落に強い」「20年以上前の国債、定期預金並みの利回り」「配当金をもらい続けながら最終的に売却益で儲けることもできる」など、いくつものメリットが備わっています。

たとえば、配当利回り3％の株を60歳で取得し、これを10年保有し続けたとしましょう。もし、途中で増配がなかったとしても、投資額の30％を配当金として受け取ることができます。

また、投資先を厳選することで、配当金が増えるケースもあります。それも、決してめずらしいことではありません。

さらに株価も、5年、10年という長期スパンだと元本が1・5倍どころか2倍になる可能性も十分にあります。

最終的な売却益も含めると、かなり有望な投資先といえるでしょう。

もちろん株であり、リスク商品ですから、すべて成功するわけではありません。どんなに投資先を精査しても失敗することだってあります。元本が投資額以下になることだって、可能性はあります。

ですが、高配当株はやり方さえ間違えなければ、こうしたリスクを最小限に抑え、資産を着実に増やすことが可能です。

「今までは短期間での売買を繰り返したり、信用取引で大きな損失を出したりしたが、高配当株へのゆったり投資に切り替えた結果、生活が充実した」「両親の介護で忙しく、資産も減るばかりだったが、高配当株投資を知り、学んで実践したら、年金生活の補完になり、親孝行ができた」などといったお話も少なくありません。

資産を着実に増やすための方法を、本章ではご紹介していきます。

2

まずは10万円で始めて感覚を養う

10万円で学べることがたくさんある

２０１７年9月末時点で、10万円以下で買える株は１１００銘柄以上あります。約３社に１社が、10万円で株主になれる時代なのです。

さらに加えて、10万円以下で株主優待を実施している企業は２５０社以上もあります。最低購入額を10万円に絞っているといっても、どれを保有株に選んだらいいのか、贅沢に悩むくらいです。

着実に資産を増やすには、まず経験を重ねることが必要です。

一気に大きな金額を投資するのではなく、まずは10万円以下の株を買うことから始めてみてください。

仮に20％の損失を出してしまったとしても、10万円であれば、わずか2万円の損ですみます。

もし1000万円を一気に投資していたとしたら、株価下落による損失ダメージが100倍の200万円です。

さらに、この失敗から「株は怖い」「株式投資で資産活用することはできない」という極論に至ってしまいます。やめてしまったら、その次に待っているチャンスをつかむことができず、損失が利益に変わることもありません。

☑10万円でリスクも軽減

まずは1銘柄を10万円投資し、またいい銘柄があったら10万円投資する。

この方法であれば、10銘柄に分散しても100万円で済みます。

値動きや業種の異なる会社に分散投資してから、強い銘柄のみ投資資金を殖やすことも簡単です。

また、下落時の買い増しも10万円で済むため、積立投資にも対応しやすいのです。

さらにミニ株、プチ株を使えば10万円で5から10名柄への分散投資も可能です。

ミニ株とは通常の売買単位の10分の1で売買できる注文方法のこと。プチ株とは1株単位で売買できる注文方法のことです（注文方法の詳細は証券会社等にご確認ください）。

ミニ株、プチ株を使えば10万円の株が1万円、1000円で保有できるのです。


私がなぜここまで少額からのスタートをオススメするのか。

それは、大成功している個人投資家の多くが少額投資からスタートしているからです。

結論を先に言ってしまうと最初の投資で大きく成長していく株を正確に見極めること。その株を長期保有し続けることは至難の業です。

株は世の中の動きに連動しているので、大きな事件があると、日経平均株価が1日で1000円以上暴落することもあります。

こうなるとマーケットは、それまであった楽観ムードが一気に静まり返り、悲観ムード一色へと急変します。暴落後も数週間から数か月という長い期間、株価の下落基調が続きます。上昇基調に戻る前に、再びパニックに転じることだってあります。

こうなったときに、慣れていないと、その流れに巻き込まれ、冷静な判断ができなくなり、立ち上がれないほど深い傷を負ってしまいかねません。

そうならないためにも、まずは少額投資からスタートさせる。

そして、感覚を養うことが大切です。

大事なのは、着実に資産を増やすこと。

少額投資で経験を十分積んでから、本格的に投資を開始させても遅くはありません。

私が初めて投資をスタートさせたのは2000年12月のことでした。ブリヂストンタイヤ（5108）をミニ株で100株、11万円で購入したのです。幸い、すぐに1万円ほど利益を出すことができましたが、翌年に9・11NYテロが発生。2003年まで厳しい時期が続きました。

しかし、この時期を乗り越えた今、資産は1億円を超え、なお順調に増え続けています。

3 複利の力を最大限に活用する

10年で資産を2倍にするための第一歩

続いて「10年で資産を2倍増にするプラン」、具体的には「目標リターン」についてお話しします。

高配当株に投資するポイントは、「株価上昇率」より「配当利回り」を重視することです。

配当利回りについては、「3％」を超えるものを選ぶようにしてください（配当利回りプラス株主優待の利回りを合計した値でもＯＫ）。

加えて、株価上昇率も「3％」、合わせて年間6％のリターンを目標にしましょう。

複利の力を最大限に活用する

「年間6％」と聞くと、非常に低いと感じるかもしれません。しかし、年間6％のリターンだとしても、10年間運用を続ければ、リターンの合計は1・79倍となり、ほぼ2倍になる計算です。

もしもあなたが、60歳から投資をスタートし、80歳まで続けたとしましょう。すると資産は、元本の3・2倍まで増加するのです。

長期間運用すればするほど、資産拡大スピードが加速する。

これが複利の法則です。

投資やマネーに関する本では、複利に関する項目や説明が頻繁に登場します。

複利の法則をすでにご存じの方にとっては新鮮味に欠けるかもしれませんが、言わせてください。

複利の力は資産運用において、大きな力を発揮する要素なのです。

相対性理論で有名な天才物理学者・アインシュタインも「宇宙で最も巨大な力は複利である」と言っているくらいです。

☑「年間6％」に固執しすぎない

「年間6％」はあくまでも「努力目標」としてください。

「年間6％」を必ず達成させようとするとムリが生じます。「年末までに増やさなければ」など欲が出ると、どうしても株価の変動が大きい銘柄を売買対象にしてしまいたくなるからです。

こうなってしまうと、最初に決めた長期での運用という方針が消え去り、短期的なリターンを追いかける短期売買に陥ってしまいます。

また、株価が好調だと配当利回りが低下するため、3％以上の株が見つからないときもあります。

今年結果が出ないからといって、焦る必要はないのです。

ある年では6％を下回ったとしても、投資対象の業績に大きな支障が出ない限り、保有を継続しましょう。

株価は短期的には市場のムードや心理で動きますが、長期的には業績と利益によって決まります。また、銘柄選択のスキルが向上するにしたがって、6％のリターンが8％へ、

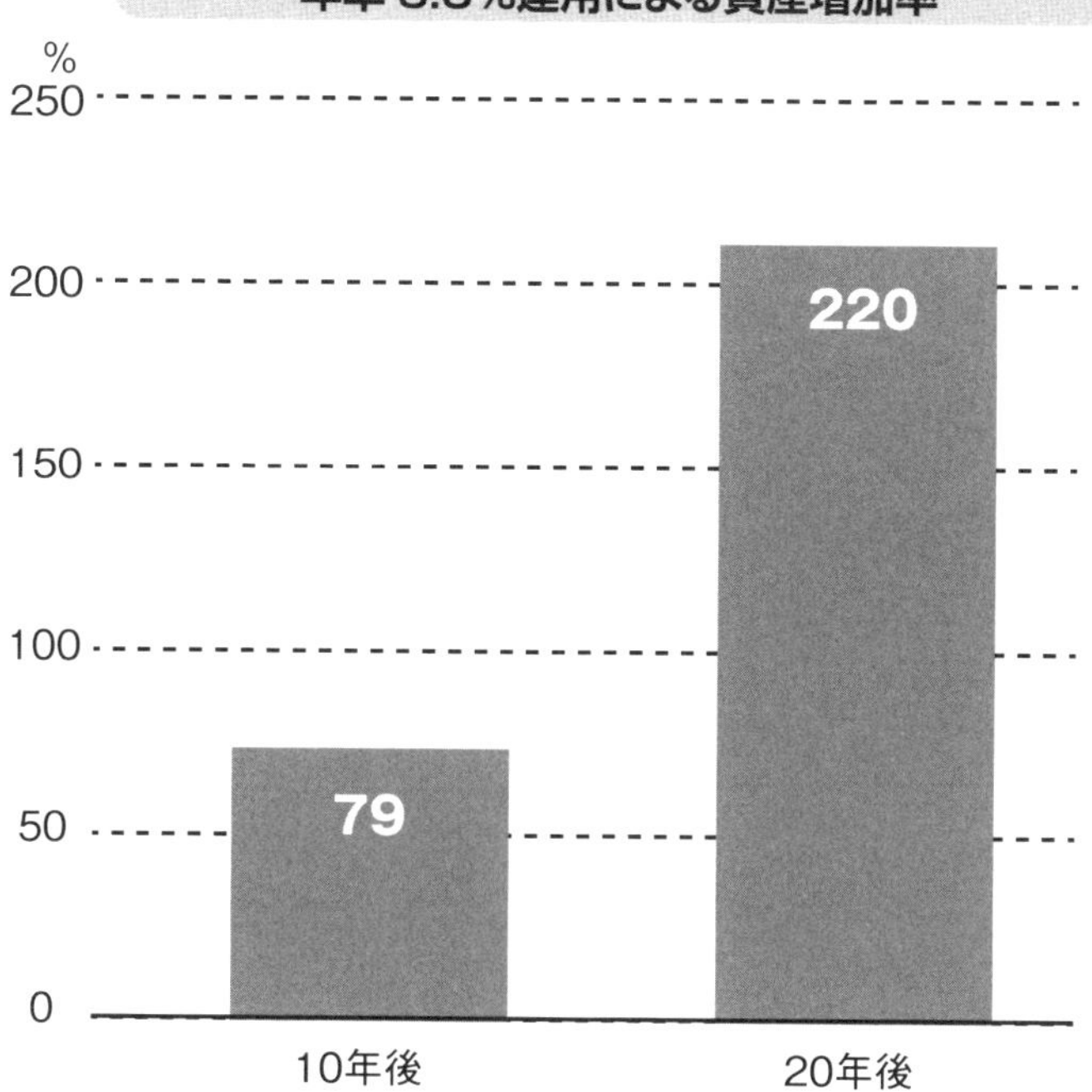
年率 6.0%運用による資産増加率
%
250
200
150
100
50
0
79
220
10年後
20年後

10%へと増えていくはずです。

☑ J-REITにおける目標の立て方

J-REITについては、分配金利回りを4〜5%、株価上昇率を1〜2%という目標で設定しましょう。

J-REITの場合、投資対象が不動産となります。企業に投資する株式と違い、会社の成長による株価上昇という要素がないため、分配金の目標利回りを高配当株よりも高く設定しましょう。

それでもなお、「年間6%よりも高いリターンで運用させたい」「ピンポイントで売買をして、より効率的な投資をしたい」というニーズもあるでしょう。

この場合は、第3章でお伝えした「買いのタイミング」を参考に投資先を選び、売買差益を狙っていきましょう。

買いタイミング① 時価総額

時価総額の小さい会社は、わずかな資金流入でも大

きく上がる。10倍株の8割は100億円以下
TVCMが株価急騰の合図になる
赤字から一転、黒字化したときは業績の変化が最も大きいため、株価が短期間で大化けする

買いタイミング② 知名度向上

買いタイミング③ 経営回復株

この3条件をもとに、お宝株を先回り買いすることにより、短期間で大きなリターンを獲得できるはずです。

ただし、**タイミング売買は全資産のうち、多くとも2~3割程度に抑えておくべきです。**

あなたが株価の底だと判断したとしても、そこからまだ下げることも多々あります。業績回復の転換点だと予想して投資をしたけれど、まだまだ続くシナリオもあることを忘れないでください。

60歳を過ぎているからこその注意点

60歳を過ぎてからは、投資の損失を働いて補填することができません。

「購入時から株価が20％以上下がった場合、いったん損切する」などのルールを事前につくったり、高配当株の買い増しルールのように、3回に分けて買いタイミングを分散させたりするなど、事前の予想が崩れた時の対応策を立てておきましょう。

同時に、メディアの感情を揺さぶるニュースにも注意してください。

株を保有している間は、普段は何気ない経済ニュースでも、株価は大きく反応します。なかには、株価への影響力が巨大な経済的嵐も発生し、あなたがその株を保有し続けられるのかが試されます。

平常時は淡々と投資を続けていても、パニック時は理性よりも感情が優先されてしまいます。

決心が揺らぐ局面ですが、そんな騒ぎの最中こそ、過去の株価急落時や非常時の歴史を今一度振り返って、冷静に乗り越えていきましょう。

4 「結果」ばかりを重視しない

☑ 大事なのは「過程」を楽しむこと

投資を始めてはみたけれど、株価下落に耐え切れずやめてしまったり、株を嫌いになってしまったりすることもあるでしょう。

「お金を損する」という現実は非常につらいものですが、損をしながらも、投資を続けていく人が成功しています。

では、どうすれば株式投資を長続きさせられることができるのか、それには秘訣があります。

損に耐えられる人と、そうではない人。この違いはそのまま、「株をする」という行為自体を楽しめるか、それとも結果ばかりを重視してしまうのかの違いです。

現代医学では、「楽しい」という感覚を、大きく2種類の脳内物質（いわゆるホルモンのこと）に分けることができるそうです。

一つはセロトニン、もう一つはドーパミンです。

どちらも、脳から分泌される神経伝達物質である点は同じです。しかし、セロトニンは「結果」よりも「過程」を大事にすることで、より多く分泌されます。

かたやドーパミンは、「過程」よりも「結果」志向。勝つこと、儲かることなどによる喜びの感情で多く分泌されます。

ドーパミンの分泌は結果に左右されますから、投資で損をした場合には分泌が抑えられ、心と感情が「楽しくない」というマイナス方向に動いてしまいます。不本意な結果が続けば続くほど嫌になり、株をやめてしまうのも納得できます。

一方の、セロトニンは「過程」そのものを楽しめます。

「銘柄選びをする」「会社の将来性を考える」などなど、さまざまな場面で分泌され、株を「楽しい」と感じ、投資といつまでも長く付き合えるのです。

著者が株をやっていて楽しいこと

- 関心を持ちながら新聞を読めるようになった
- 経済に興味を持つようになった
- 投資のブログを始めた
- 投資のメールマガジンを書くようになった
- 株のことで、人に話せるようになった
- 株の相談に乗れるようになった
- 雑誌でノウハウが紹介された
- 書籍を出版できた
- 配当金を毎年、山のようにもらっている
- 株主優待もたくさんもらった
- 売却益で儲けた
- サラリーマンを辞めてしまった
- 独立できた
- 自由な人生を送れるようになった

あなたは、セロトニンとドーパミン、どちらの脳内物質が多いタイプでしょうか。「株をやって楽しいことは何か」を思い出せるだけ箇条書きにして、そのうち何割が結果に依存しているかで、わかります。

私が株をやっていて楽しいことは、１９９ページのとおりです。

ご覧いただいておわかりのとおり、私にとって、投資をすることで得られるものは、結果以外にもたくさんあるのです。

株をやっていてつらかったり、悩んでばかりいたりという人は、結果に焦点を当てすぎている可能性が高いです。

結果至上主義の悪いところは、営業のノルマと同じで、達成しても、さらに過酷なノルマが待っている点です。結果至上主義では、永遠に満たされることはないのです。

結果ばかりに目を向けず、過程を楽しめるよう意識して取り組んでみてください。

投資生活を道楽として楽しむ

ある投資家が師から得た「金言」

本多静六さんという方をご存じでしょうか。

本多氏は学者であり、日本の山林王と呼ばれた投資家でもあります。

１８６６（慶応二）年に生まれ、１８８４年に東京山林学校（現在の東大農学部）に入学した後、ドイツに私費留学をしてミュンヘン大学で国家経済学博士号を取得します。

本多氏は留学を終えて帰国する際、恩師でもあったブレンタノ博士から、次のような金言をもらいます。

「財産を作ることの根幹は、やはり勤倹貯蓄だ。これなしには、どんなに小さくとも、財産と名のつくほどのものはこしらえられない。さて、その貯金がある程度の額に達したら、他の有利な事業に投資するがよい。いまの日本では、安い土地や山林に投資するがよい。現在交通不便な山奥にある山林は、世の進歩と共に、都会地に近い山林と同じ価格になるに相違ない。現にドイツの富豪貴族の多くは国家社会の発展を利用した投資によって富を得たのである」

『私の財産告白』（本多静六著／実業之日本社）を要約

この教えを素直に実践した本多氏は、投資家として大成功しました。

さらに彼自身も多くの名言を残しています。


「好景気、楽観時代は貯蓄、倹約。不景気、悲観時代は思い切った投資をする」

「利殖の根本をなすものは、物と金の適時交替の繰り返しである」

「投資の第一条件は安全確実である。しかしながら絶対安全のみ期していては、いかなる投資にも、手も足もでない。だから、絶対安全から比較的安全、というところまで歩み寄らねばならぬ」

これらの言葉も同じく本多氏の著書『私の財産告白』に書かれています。

同書の中には、「職業の道楽化」という成功法則が紹介されています。

職業の道楽化とは、「最初は面倒で嫌な仕事でも、一意専心努力すれば、次第に面白味が出てくる。面白いという感情が芽生えると仕事は苦痛から歓喜へと変わり、最終的には仕事が道楽に変わる」という考え方です。

道楽化することが、自己実現への唯一の途であるとも書かれていました。

本多氏の言葉を借りて「投資の道楽化」こそ、株式投資を究極に楽しむ方法であり、人生の幸せや豊かさにつながる道だとお伝えさせていただきます。

投資を「道楽化」させるコツは2つ

投資を「道楽化」するには、大きく次の2つのコツがあります。

1　新しい有望株の発掘、探求を常に続けること
2　退職後の趣味やライフスタイルに、株主優待や配当金をリンクさせること

この2つを続けていくことで、株式投資の道楽化は実現できるはずです。

私の顧客にアンケートをとってみると、株主優待や配当金を「退職後の暮らしの楽しみ」「余暇時間の使い道」「国内旅行」「健康維持」「趣味」「孫に会うこと」などに使うという意見が多く見られます。みなさんそれぞれ、素敵な投資ライフを満喫しているようです。

このようなニーズを把握しているかのように、上場企業は多くの株主優待を独自の特典として用意しています。

たとえば、旅行をテーマにした株主優待。サムティ（3244）は、保有株数に応じて、経営するホテルの無料宿泊券や割引券を贈呈しています。

宿泊割引券を株主優待として用意している上場企業は他にもたくさんありますし、鉄道、飛行機に関連する銘柄でも、割引券が株主優待として用意されています。

健康維持という分野では、セントラルスポーツ（4801）がスポーツジムの無料利用

券を株主優待として提供していたり、バリューHR（6078）は、個人向けの健康診断の受診から健診結果の経年管理などをサポートする「バリューカフェテリア」の年会費を株主優待として無料にしています。

お孫さんがいる人は、おもちゃ関連やテーマパーク関連の株主優待をプレゼントすれば、大喜びされるでしょう。

ハピネット（7552）では年1回、自社のおもちゃを保有株数に応じてプレゼントしています。

サンリオ（8136）やオリエンタルランド（4661）は、自社が運営するテーマパークの入場無料券を贈呈しています。

旅行、健康、趣味関連の株主優待は、これでもほんの一部分です。

その他、食事券や金券、自社商品や、なかには株主だけにしか手に入らないレアもの優待まで各社独自の株主優待をそろえています。

趣味や娯楽を、投資先選びとリンクさせながら、最強のポートフォリオをつくる。組み立てることで、株の楽しみがまた一つ増えます。

企業の探求を続けることで、オンリーワンの投資や戦略が立てられること。お金儲けというスタンスではなく、新しいお宝株の発掘。

保有した株が成長していくことこそ、他のリスク商品にはない楽しさなのです。そんなふうに株式投資と付き合っていけたら、お金に困らない幸せな老後を、素敵な家族や仲間と楽しく過ごすことができるはずです。

企業概要

サムティ（3244）

200株以上を保有しているとセンターホテル東京・大阪の無料宿泊券が株主優待としてもらえる。

セントラルスポーツ（4801）

スポーツジムは会費が毎月入ってくる売上の変動が少ないストック型ビジネスなので、業績が安定している。

バリューホールディングス（6078）

企業・個人向けに健康管理支援事業を展開。

ハピネット（7552）

株主優待の中に、任天堂ＤＳのソフトもある。

サンリオ（8136）

サンリオピューロランド入場無料券や株主だけが手に入れることができる自社商品もある。

オリエンタルランド（4661）

何度でも行きたくなる東京ディズニーランド、ディズニーシーの１ＤＡＹパスポートが株主優待としてもらえる。

第5章　まとめ

- 投資未経験者は10万円投資からスタートすること。経験を積んだ後で本格投資をしても遅くない。

- 運用開始時の年間リターンは6％を目標に。投資スキルの向上に伴い、リターンは増えていく。

- 投資も子どもの遊びのように、すべての過程を楽しもう。

- 株式投資を「利殖の手段」から「道楽」へと転換すること。

- 退職後の人生を楽しむために、株主優待を有効活用しよう。
- 投資を趣味のように楽しみながら、企業のリサーチを続けよう。

と「体力」です。

しかし60歳が近づいてくると、体力の提供による給料の獲得は、ちょっと難しいところが出てきます。

これからは「知力」を活かしてお金を得ることに、頭を切り替えるべきです。

学生時代、「投資」という科目はありませんでした。学生時代の成績がよかった人も、悪かった人も、スタートラインは同じです。だからこそ、あなたが一日でも早く投資の勉強をスタートすることで、他の人よりもよい成績を残すことができます。

事実、私が投資で億を超える資産を築けたのも、投資、金融、経済という勉強を人よりも早く、熱心に学んだからです。

投資をするのに、資格や認可は必要ありません。

誰でも平等に勝てるチャンスにあふれています。

そのチャンスをつかみに行こうではありませんか。

著　者

著者紹介

坂本　彰（さかもと・あきら）

株式会社リーブル代表取締役

サラリーマン時代に始めた株式投資から多くの成功と失敗を経験し、株で勝つための独自ルールを作りあげる。2009年10月、130万円だった株式資産は2017年10月に9000万円を突破。定期預金等を合わせた資産は1億円超となっている。

2012年、投資助言・代理を取得。現在、著者自身が実践してきた株で成功するための投資ノウハウや有望株情報を会員向けに提供するかたわら、ブログやコラム等の執筆活動も行う。前職はラーメン屋という異色の経歴。

メールマガジン「日本株投資家『坂本彰』公式メールマガジン」は2014年まぐまぐマネー大賞を受賞。読者数約3万人。

『BIGtomorrow』『SPA！』などといった雑誌等のメディアでも紹介多数。

日本証券アナリスト協会検定会員候補。

著書に、発売3か月で5刷となった『10万円から始める「高配当株」投資術』（あさ出版）、『「小売お宝株」だけで1億円儲ける法』（日本実業出版社）などがある。

●日本株投資家　坂本彰【公式】ブログ
http://saig.livedoor.biz/

●日本株投資家「坂本彰」公式メールマガジン
http://www.mag2.com/m/0000202500.html

60歳から10万円で始める「高配当株」投資術　〈検印省略〉

2017年　12　月　13　日　第　1　刷発行

著　者――坂本 彰（さかもと・あきら）

発行者――佐藤 和夫

発行所――株式会社あさ出版

〒171-0022 東京都豊島区南池袋 2-9-9 第一池袋ホワイトビル 6F
電　話　03 (3983) 3225（販売）
　　　　03 (3983) 3227（編集）
F A X　03 (3983) 3226
U R L　http://www.asa21.com/
E-mail　info@asa21.com
振　替　00160-1-720619

印刷・製本　神谷印刷(株)

乱丁本・落丁本はお取替え致します。

facebook　http://www.facebook.com/asapublishing
twitter　http://twitter.com/asapublishing

ISBN978-4-86667-017-1 C2034

ク性資産の割合が45～50％程度となっているのです。

預貯金の一部が株式市場に流れるだけでも、非常に大きなインパクトがあります。

投資をしたくても、なかなか踏み切れない人に向けて、私からの提案です。

まずは、預金口座と同じように、証券口座もつくってみましょう。手続きは簡単ですし、インターネット経由での申し込み、口座開設もできます。

同時に、ＮＩＳＡ口座も開設しましょう。開設までに1か月ほどかかります。口座を開設しておかないと、買いたい株が出てきたり、株価が下がって買いチャンスがきたりしても、すぐに購入できないという事態に陥ります。今のところ、さほど興味がわかなくても口座をつくるだけつくっておき、チャンスを待ったほうがよいでしょう。

続いて、次のステップです。

口座が開設できたら、全資産の３％だけでもいいので、証券口座にお金を移しましょう。

利息がほとんどつかないのであれば、預金口座も証券口座と同じです。少しずつ、投資を始めるための行動を起こしていきましょう。

生涯を通して、お金を得ようと思ったら、使えるものはほぼ2つしかありません。「知力」

おわりに

預金口座と同じように「証券口座」を持とう

２０１７年3月末の銀行や信用金庫の預金残高は１０５３兆円となり、ついに１０００兆円を突破しました。

預金残高は増え続けていますが、定期預金の金利はほぼゼロです。預けていてもほとんど意味はありません。

投資と比べて元本は変化しませんが、それでも動かせないという現状が見て取れます。

日銀が発表している資金循環統計によりますと、日本の家計に占める金融資産（約１８００兆円）の内訳は、預貯金が52％となっており、半分以上です。リスク性資産である投資信託の保有額は約96兆円、株式投資の保有額は１６７兆円で、２つ合わせても、全体の15％程度にしかなりません。

一方、投資大国の米国は日本のほぼ逆。預貯金の割合が金融資産全体の15％程度、リス